U0129460

"名家读经典·法哲学"丛书

重读柏拉图《法篇》

王晓朝 著

人民出版社

目 录

导　言

　　英国著名学者泰勒说:"《法篇》不仅是柏拉图最长的一篇著作,而且它包含那些他毕生最萦绕于心的题目——伦理学、教育学和法学的最新和最成熟的思想。"①作为中文版《柏拉图全集》②的译者。在中文版《柏拉图全集》问世20周年之际,重读《法篇》,与广大读者分享读书经验,是我莫大的荣幸! 为了帮助读者把握《法篇》的思想精髓,在导言中我先介绍柏拉图及其著作概况。

　　柏拉图(公元前427年—前347年)是古希腊大思想家、大哲学家、大文学家、大教育家。柏拉图思想对西方哲学与文化理念的发展起过重要的作用,有着深远的影响。西方现代哲学家怀特海说:"欧洲哲学传统的最稳定的一般特征,是由对柏拉图的一系列注释组成的。"③英国学者伯

---

　　① 〔英〕泰勒:《柏拉图——生平及其著作》,谢随知等译,山东人民出版社1996年版,第658页。

　　② 〔古希腊〕柏拉图:《柏拉图全集》第1—4卷,王晓朝译,人民出版社2002—2003年版。《柏拉图全集》增订版,第1—3卷,人民出版社2018年版。

　　③ Whitehead, A.N., *Process and Reality*, Cambridge University Press, 1929, p.53.

奈特说:"柏拉图曾经是我们文化中的一切最好的和最重要的东西的源泉。"①英国哲学家波普尔说:"柏拉图著作的影响(不分好坏)是无法估计的。人们可以说,西方的思想,或者是柏拉图的,或者是反柏拉图的,在任何时候不是非柏拉图的。"②我们可以把柏拉图在西方思想史和文化史上的地位比作中华文化传统中的孔子。研究柏拉图有助于我们深入把握西方文化的思维方式和精神特征。

从学术发展的角度看,柏拉图是西方历史上第一位著作大家。他的著作大多数采用对话体,所涉内容极为广泛,哲学、政治、法律、伦理、语言、科学、教育、文化、艺术,等等,几乎无所不谈。可以说,柏拉图的对话是希腊文化的一部百科全书。通过阅读柏拉图对话,我们可以了解古希腊民族的精神世界,从中得到文化熏陶和思维训练。

柏拉图一生勤于著述,给世人留下了长短不一的对话26篇(不含伪作)。学者们一般把柏拉图的对话分为三期③:

一、早期对话:《申辩篇》《克里托篇》《拉凯斯篇》《吕西斯篇》《卡尔米德篇》《欧绪弗洛篇》《小希庇亚篇》《普罗泰戈拉篇》《高尔吉亚篇》《伊安篇》。这些对话属于所谓的"苏格拉底的对话",它们的主要论题和方法基本上属于苏格拉底,其哲学内容主要作为苏格拉底和智者的思想资料来引用,但也包括柏拉图在写作加工中掺入的部分思想。

---

① Burnet,J.,*Platonism*,California University Press,1928,p.1.

② 转引自范明生:《柏拉图哲学述评》,上海人民出版社 1984 年版,第 479 页。

③ 范明生:《柏拉图哲学述评》,上海人民出版社 1984 年版,第 54 页。

二、中期对话:《欧绪德谟篇》《美涅克塞努篇》《克拉底鲁篇》《美诺篇》《斐多篇》《会饮篇》《国家篇》《斐德罗篇》。这个时期柏拉图已经摆脱苏格拉底的影响,建立起自己的哲学体系,对话所表现的哲学内容可以视为柏拉图本人的思想。

三、晚期对话:《巴门尼德篇》《泰阿泰德篇》《智者篇》《政治家篇》《斐莱布篇》《蒂迈欧篇》《克里底亚篇》《法篇》。与中期对话相比,这个时期柏拉图的思想发生显著变化,是对中期思想的修正、发展和更新。

除了上述著作,还有所谓柏拉图伪作。中文版《柏拉图全集》收录了上述 26 篇对话,此外还收录了《伊庇诺米篇》《大希庇亚篇》《书信》。《柏拉图全集》增订版则收录了其他伪作:《阿尔基比亚德上篇》《阿尔基比亚德下篇》《希帕库斯篇》《克利托丰篇》《塞亚革斯篇》《弥诺斯篇》《德谟多库篇》《西绪福斯篇》《厄里西亚篇》《阿西俄库篇》《情敌篇》《论公正》《论美德》《神翠鸟》《定义集》《诗句集》。

柏拉图著作的编纂、校订、注释在西方学术界有着悠久的历史。最早的拉丁文版柏拉图著作于 1483—1484 年由斐奇诺(Marsilio Ficino,1433—1499 年)编纂,出版于翡冷翠(即佛罗伦萨),1491 年在威尼斯重印。最早的希腊文版由马努修斯(A.Manutius)于 1513 年在威尼斯出版。1578 年,斯特方(H.Stephanus)在巴黎出版希腊文版的柏拉图著作,附有萨尔拉努(J.Serranus)的拉丁文译文。斯特方所编定的分卷、页码和分栏(a,b,c,d,e),以后为各国学者广泛采用。如《国家篇》429 d,即指斯特方本第 429 页 d 栏。迄今为止,公认较好的希腊文版柏拉图著作,是由英国哲学史家伯奈特(J.Burnet,1863—1923年)校订的牛津版六卷本《柏拉图著作集》(Platonis Opera,1899—1906年)。笔者翻译的中文版《柏拉图全集》亦将斯特方标准页的页码和分栏作为边码标出。标准页在中文原版《柏拉图全集》中在页边标注,考虑到中国人的阅读习惯和排版的方便,增订版《柏拉图全集》改为文间注。

《法篇》是柏拉图最后一部作品,也是最长的一篇对话,译成中文约28万字。公元1世纪的塞拉绪罗在编定柏拉图作品篇目时,将它列为第九组四联剧的第二篇,称其性质是"政治性的",称其主题是"论立法"。①《法篇》的最后成文据说有柏拉图的学生菲利珀斯的功劳。第欧根尼·拉尔修记载说:"有些人说,奥普斯人菲利珀斯把他的《法篇》抄写在了蜡板上。据说《厄庇诺米篇》也是由这位菲利珀斯撰写的。"②

《法篇》的希腊文标题是"Νόμοι"。这个词是个多义词,有习惯、习俗、惯例、规范、礼仪、法、法律、法令、法规,等等含义。中文的"法律"一词有广狭两义:广义的法律与"法"通用,泛指法律、法令、条例、规定、决定、判例、惯例、命令,等等;狭义的法律是指体现统治阶级意志,由国家行使立法权的机关依照立法程序制定,由国家强制力保证执行的行为规则,一般具有一定文字形式,如宪法、刑法、民法,等等。③ 有些中国学者把本篇标题译为《法律篇》,四卷本《希

① 参阅[古罗马]第欧根尼·拉尔修:《名哲言行录》3:60,第319页。

② 参阅[古罗马]第欧根尼·拉尔修:《名哲言行录》3:37,第301页。

③ 参阅《辞海》(哲学分册),上海辞书出版社1980年版,第98页。

腊哲学史》的作者主张将其译为《法篇》,笔者沿袭四卷本《希腊哲学史》的译法,把对话标题定为《法篇》。①

《法篇》也像《国家篇》一样,讨论了城邦国家的方方面面,包括政治、经济、法律、教育、文化、婚姻、生活,等等,堪称柏拉图的"第二理想国"。从《法篇》可以看出,柏拉图晚年考虑国家问题,不是从抽象的原则出发,而是从现实出发,评价各种政制的优劣,然后得出一般的原则。他突出了对法律的重视,认识到无论什么样的统治者必须受到法律的约束。只有法律的权力高于统治者的权力,国家的治理才能走上正确的轨道。从《国家篇》到《法篇》,柏拉图在思想上完成了从人治到法治的过渡。他在文中对法律问题做了深入的理论思考,从而使《法篇》成为西方法学史的开山之作。

柏拉图著作在 20 世纪初传入中国。1921 年,商务印书馆出版了由我国翻译家吴献书先生翻译的柏拉图《理想国》(即《国家篇》),②中国学术界翻译引介柏拉图原著的工作由此开始。先师严群(1907—1985 年)是我国著名的哲学史家、翻译家。他"平生素抱尽译柏氏(柏拉图)全书之志"③,视翻译为沟通中西文化之要途,为中国哲学界开辟古希腊哲学研究贡献良多。

新中国成立以后,尤其是改革开放以来,中国学者对柏

---

① 汪子嵩、范明生、陈村富、姚介厚:《希腊哲学史》第 2 卷,人民出版社 1993 年版,第 1107 页。

② [古希腊]柏拉图:《理想国》,吴献书译,商务印书馆 1921 年版,1957 年重印。

③ [古希腊]柏拉图:《游叙弗伦、苏格拉底的申辩、克力同》,严群译,商务印书馆 1983 年版,第 3 页。

拉图哲学进行了全面深入的研究。范明生先生在改革开放之初即发表了《柏拉图哲学述评》。然后他参与四卷本《希腊哲学史》的撰写，1993 年出版的《希腊哲学史》第二卷的主要内容就是对柏拉图著作的解读。可以说，正是由于这些前辈学者的艰苦努力，我们今天对《法篇》的阅读和理解方有可能。受到学术前辈的激励，2003—2004 年，由我翻译的《柏拉图全集》中文版出版了，内中包含《法篇》。2018 年，我又对《柏拉图全集》做了全面的修订，出了增订版，同时《法篇》也出版了单行本。

翻译外国哲学著作是一项伟大的事业。它为中国学术界造就了一批哲学翻译家，也给中国哲学库藏添加了一大批经典性的外国哲学中译本。从文化传播的角度看，翻译是异质文化交流、会通与融合的关键。经典的原义是指传统的、权威性的基本著作。人类思想史从外观上看是文献的积累和权威性基本著作的逐步经典化。经典的文本在获得经典地位之后，其文化力量，其掌握群众的力量，极为巨大。也因此，经典由此成为文化的基本内核，使文化在其传承发展中获得了自己鲜明的特殊性格。

回溯历史，希腊与中国同为文明古国。希腊文化是西方文化的典范，中国文化是东方文化的代表。古老、灿烂、伟大的文明将两国人民的心紧紧联系在一起。中希两国人民对自身丰厚的文化根脉深感自豪，对优秀传统文化的当代价值倍加珍惜。中希友好不仅是两个国家之间的合作，更是两大文明的对话。两种古老的文明都可以从对方的文化传统中吸取有益的精神思想养料，促进本民族文化的转型与更新。展望未来，在全球化的大背景下，中国与希腊要在新时代实现全面互通,互为镜鉴,展现中希两个伟大古老文明的和合之美。双方要发挥各自文化的优势,交流互鉴、和谐共存,共同打造不同文明的和睦共处之道,为全世界人民的文化交流与传播树立榜样。这就是撰写本书的初心所在。

柏拉图著作篇名缩略语表

希腊文篇名	英文缩略语	英文篇名	中文篇名
Ἀπολογία	Ap.	Apology	申辩篇
Χαρμίδης	Chrm.	Charmides	卡尔米德篇
Κρατύλος	Cra.	Cratylus	克拉底鲁篇
Κριτίας	Criti.	Critias	克里底亚篇
Κρίτων	Cri.	Crito	克里托篇
Ἐπίνομις	Epin.	Epinomis*	伊庇诺米篇
Ἐπίπιστολαι	Ltr.	Letters***	书信
Εὐθύδημος	Euthd.	Euthydemus	欧绪德谟篇
Εὐθύφρων	Euthphr.	Euthyphro	欧绪弗洛篇
Γοργίας	Grg.	Gorgias	高尔吉亚篇
Ἱππία Μείξων	G.Hp.	Greater Hippias**	大希庇亚篇
Ἱππία Ἐλάττων	L.Hp.	Lesser Hippias	小希庇亚篇
Ἴων	Ion	Ion	伊安篇
Λάχης	Lch.	Laches	拉凯斯篇
Νόμοι	L.	Laws	法篇
Λύσίς	Ly.	Lysis	吕西斯篇
Μένεξένος	Mx.	Menexenus	美涅克塞努篇
Μένων	M.	Mono	美诺篇
Παρμενίδης	Prm.	Parmenides	巴门尼德篇
Φαίδων	Phd.	Phaedo	斐多篇
Φαῖδρος	Phdr.	Phaedrus	斐德罗篇
Φίληβος	Phlb.	Philebus	斐莱布篇

续表

希腊文篇名	英文缩略语	英文篇名	中文篇名
Πρωταγόρας	Prt.	Protagoras	普罗泰戈拉篇
Πολιτεία	R.	Republic	国家篇
Σοφιστὴς	Sph.	Sophist	智者篇
Πολιτικὸς	Stm.	Statesman	政治家篇
Συμπόσιον	Smp.	Symposium	会饮篇
Θεαίτητος	Tht.	Theaetetus	泰阿泰德篇
Τίμαιος	Ti.	Timaeus	蒂迈欧篇
Ἀλκιβιάδης	Alc.	Alcibiades**	阿尔基比亚德上篇
Ἀλκιβιάδης δεύτερος	2Alc.	Second Alcibiades*	阿尔基比亚德下篇
Ἵππαρχος	Hppr.	Hipparchus*	希帕库斯篇
Κλειτοφῶν	Clt.	Clitophon**	克利托丰篇
Θεάγης	Thg.	Theages*	塞亚革斯篇
Μίνως ἤ Περὶ Νόμο	Min.	Minos*	弥诺斯篇
Δημόδοκος	Dem.	Demodocus*	德谟多库篇
Σίσυφος	Sis.	Sisyphus*	西绪福斯篇
Ἐρυξιας	Eryx.	Eryxias*	厄里西亚篇
Ἀξίοχος	Ax.	Axiochus*	阿西俄库篇
Ἐπασταί	Riv.	Rival Lovers*	情敌篇
Περὶ Δίκαιω	Just.	On Justice*	论公正
Περὶ Ἀρετη	Virt.	On Virtue*	论美德
Ἀλκυών	Hal.	Halcyon*	神翠鸟
Ὅροι	Def.	Definitions*	定义集
Ἐπίγραμμαι	Epgr.	Epigrams***	诗句集

*表示伪作。

**表示大多数学者认为不是柏拉图真作。

***书信和诗句集的各篇各节真伪情况不一。

第一章　文化语境

《法篇》是西方历史上第一部法学著作,但柏拉图不是一个凭空创造思想的天才。为了理解蕴涵在《法篇》中的思想学说,我们需要把握《法篇》诞生的文化语境。让我们从柏拉图所处那个时代的城邦国家说起。

第一节　城邦国家

古希腊不是现今位于欧洲巴尔干半岛的希腊共和国,亦非一个单一的民族国家,而是一个由大大小小两三百个城邦组合而成的邦国集合体。古希腊的地理范围包括位于欧亚两大洲交界处的爱琴海地区,由希腊半岛、小亚细亚西部沿海地区,以及爱琴海上诸岛和南部的克里特岛组成。希腊半岛位于整个爱琴海地区的中心,分为北部、中部、南部三部分。北部是贫瘠的山地。中部包括以雅典城邦为主的阿提卡地区。南部就是伯罗奔尼撒半岛,分为拉科尼亚和美赛尼亚两部分,斯巴达、科林斯、麦加拉等重要城邦均位于此。

据说由古希腊诗人荷马所作的两部史诗——《伊利亚

特》《奥德修纪》诞生于公元前 9—8 世纪。这一时期被后人称作"荷马时代"。荷马时代后期希腊社会的最大进步,就是结束部落大迁徙,开始由部落向民族的过渡。希腊半岛、爱琴海诸岛和小亚细亚西岸基本上形成一个整体,产生了具有固定地域和共同方言的三个部族:伊奥尼亚人、埃俄利亚人和多立斯人。它们就是原始希腊人,是后来希腊民族的基本成分。

希腊人这个名称来源于一则神话传说。普罗米修斯和普罗诺亚生丢卡利翁和皮拉。大洪水以后幸存的丢卡利翁和皮拉生子希伦。希伦就是整个希腊民族的始祖,而他的三个儿子,多鲁斯、克苏索斯、埃俄罗斯,分别是多立斯人、伊奥尼亚人和埃俄利亚人的祖先。丢卡利翁还有一个女儿,生子马其顿,即为马其顿人的祖先,所以马其顿人和希腊人是表兄弟。诸如此类的远古神话包含着古代民族对远古历史的记忆。"从整个希腊历史中,我们可以看到所有希腊人有一种日益增长的意识:他们属于一个民族,构成一个统一体。这个统一体不仅以共同的宗教、共同的语言为特征,而且以或多或少共同拥有的文化为标志。"①

古希腊宗教在古希腊民族形成的过程中起了重要作用。公元前 5 世纪的希腊历史学家希罗多德说:"赫西奥德和荷马的时代比之我们的时代不会早过四百年;是他们把诸神的家世教给希腊人,把它们的一些名字、尊荣和技艺教给了所有的人并且说出了它们的外形。"②荷马时代的希腊人普遍崇拜

---

① Rostovtzeff, M., *A History of the Ancient World*, vol.1, Oxford, 1925, p.229.

② [古希腊]希罗多德:《历史》,王嘉隽译,商务印书馆 1959 年版,第 300 页。

地神该亚,到了公元前8世纪开始供奉太阳神阿波罗。公元前735年,西西里岛的那克索斯要建立殖民城邦,派使者来向阿波罗求神谕。公元前6世纪,雅典的立法家梭伦和斯巴达的立法家莱喀古斯都到德尔斐求神谕。阿波罗神庙的女祭司成为全希腊人都敬畏的预言家。德尔斐圣地成为希腊民族的象征。

荷马时代后期,铁器得到广泛使用,生产力有了新的发展。这时不仅有了大量家奴,而且在农业、手工业等生产领域中广泛使用奴隶。氏族成员的分化日益加深,部落和氏族首领转化为奴隶主贵族,一般成员转化为平民,形成奴隶主、奴隶、平民三大阶级。

从公元前776年开始,全希腊实行四年一次的奥林比亚竞技会(运动会),对统一希腊起了很好的作用。它同时也成为希腊各城邦共同采用的纪元标准。在此之前,各城邦的纪元标准不同,有的以首席执政官或监察官的名字作年号依据。奥林比亚竞技会以后,传记作者将四年一次的赛会作为纪元标准,希腊有了统一的纪年依据。

希腊世界盛行向海外移民。到了公元前8世纪,希腊人的殖民城邦已经遍布地中海和黑海沿岸。这些海外殖民团体在殖民地安顿下来两三代以后,又派遣新的移民到邻近的甚至遥远的海岛和海滨去建立新的殖民城邦,但没有向亚洲大陆纵深发展。从公元前7世纪起,希腊文明的中心从小亚细亚的殖民城邦回归希腊本土。希腊半岛上的国家开始城邦化。大规模的海外殖民活动告一段落。

希腊的城邦由卫城发展而来。最早的时候,人们在遭到敌对势力或海盗的威胁时就聚集在一起,在高地和山头上建筑城墙和城堡。后来由于耕作的发展和定居的需要,卫城就从山头搬到平坦的地方或河畔。后来,卫城逐渐转化为建有生产场所、宗教生活中心和首领、祭司居屋的城市中心。卫城加上周边的居民住宅就成为城市,再加上郊野的土地与村落,就成为大小不等的城邦。

希腊各地区经济政治的发展很不平衡。据《剑桥古代史》记载,公元前800年到公元前500年建立的、有文献或考古资料可查的希腊殖民地有140多个。这些殖民城邦一般都在沿海地区,土地肥沃,交通便利,商贸发达。城邦一经建立,经济和政治发展较快,很快超过本土内陆的城邦。古希腊历史学家希罗多德说:"伊奥尼亚人在亚细亚只建立了十二座城市并拒绝再扩大这个数目,这原因在我看来是当他们居住在伯罗奔尼撒的时候,他们是分成十二个部落的。"[1]最早建立城邦国家的有:科林斯地峡的科林斯、麦加拉;小亚细亚的米利都、爱菲索、土麦拿;阿提卡的雅典;伯罗奔尼撒半岛的斯巴达、阿戈斯、奥林匹亚;希腊中部彼俄提亚地区的底比斯和福基斯地区的德尔斐;希腊北部帖撒利地区的拉利萨,等等。

雅典是古希腊城邦国家的杰出代表。公元前683年,雅典结束了王政时代,开始有一年一任的执政官。梭伦于公元前594年担任执政官,实行改革,为雅典的奴隶主民主制奠定基础。公元前6世纪末,克利斯提尼实行一系列政制改革,最终摧毁了氏族贵族的反抗,被称为雅典民主制之父。雅典从此蒸蒸日上。它同斯巴达结盟,担负起领导希腊民族抗击波

---

① 参阅[古希腊]希罗多德:《历史》,王嘉隽译,商务印书馆1959年版,第240页。

斯帝国入侵的伟大历史使命。经历了数十年战争的磨难,希腊人粉碎了数十万侵略大军的进攻,打败了波斯帝国。

希波战争后期,雅典和斯巴达争霸。斯巴达控制了伯罗奔尼撒同盟,雅典则建立提洛同盟。奴隶主民主派的杰出领袖伯里克利统治雅典 30 余年(约公元前 462—前 429 年)。他大力推行民主政治改革,发展经济,扩充军事实力,繁荣学术文化,开辟了雅典奴隶主民主制的黄金时代,使雅典成为全希腊政治、经济和文化中心。

第二节　法律制度

古希腊法律产生于已经进入奴隶社会的荷马时代,产生于古希腊城邦国家。这一时期的古希腊城邦还不是统一的国家,各个城邦法律法规的产生也不同步。各城邦法律或由原始部落或部族的习俗演化而来,或由殖民团体新建城邦,沿袭或制定适用的法律,并随着社会生活的繁荣,逐渐形成系统的成文法规。古希腊城邦法律形式多样,术语和规则不甚严谨,大多数没有凝固为法典。从古希腊城邦国家的政治体制演变来看,立法机构和司法机构从一开始就是政治机构的重要组成部分,政治活动与法律活动浑然一体,古希腊的政治家一身二任,同时也是立法家。为了能够把握《法篇》要旨,我们在阅读之前需要了解古希腊城邦国家的政治组织和法律制度。

雅典最初的居民主要由伊奥尼亚人的四个部落组成。在政治上有全体氏族成员组成的公民大会,有氏族长老组成的长老会,有"国王"(Basileus,音译巴赛琉斯)。国王在和平时期担任祭司、裁判官,战时则为统帅,但没有行政权。

　　相传在荷马时代,雅典立法者忒修斯进行了一系列重要的改革:第一,成立一个统一集中的行政机构;第二,用共同的法律代替了各部族的习惯法;第三,按财产地位把雅典人划分为贵族、农民、手工业者,规定贵族才可担任公职;第四,公民大会成为一个咨询机关,贵族组成的长老会议掌握大权,废除国王,从贵族中选出九名执政官(archon)来处理政务。"许多年后才选举立法官,此时各类官职已是年年选举了,让他们来颁布各种法令,保存它们以期对各种讼争作出裁决;所以以上官职中也只有这一种的任期不长于一年。""立法官们则住在立法院。"①"最高法庭议事会(战神山议事会)具有护卫法律的职能,但它管辖着城邦中大部分最重大的事务,并对一切扰乱公共秩序者直截了当地进行判刑或罚款。"②

　　公元前 621 年,雅典首席执政官德拉古制定了他的法规,以法律的形式把雅典的政治组织固定下来。他的法规纲要如下:"公民权授予所有得以具备武装的人;9 位执政官从那些拥有不少于 10 米那③之自由财产的人中选出,其他诸种较低的官职则选自得以具备武装的人,将军与骑兵将官从那些显明其拥有不少于 100 米那之自由财产并且其出于合法妻室的

---

　　①　[古希腊]亚里士多德:《雅典政制》,见苗力田主编:《亚里士多德全集》第 10 卷,中国人民大学出版社 1997 年版,第 4 页。

　　②　[古希腊]亚里士多德:《雅典政制》,见苗力田主编:《亚里士多德全集》第 10 卷,中国人民大学出版社 1997 年版,第 5 页。

　　③　古希腊的货币单位主要有:塔伦特、米那、德拉克玛、奥波尔、查库斯。这些货币单位同时又是重量单位。古希腊货币是银本位制的。按阿提卡币制,1 德拉克玛约为 4.31 克,所以 1 德拉克玛的货币就相当于 4.31 克白银。100 德拉克玛合 1 米那(431 克),60 明那合 1 塔伦特(25.8公斤),1 德拉克玛合 6 奥波尔(约为 0.718 克),1 奥波尔合 8 查库斯(约为 0.09 克)。查库斯币值很小,是铜币。

子女业已超过 10 岁的人中选出。直至离任时账目报告受过审查之前的数年里，这些官员都必须为主议官、将军和骑兵将官等职而交保，须采纳 4 名与将军和骑兵将官同属一个阶层的人作为担保人。议事会由 401 人组成，从公民中通过抽签产生；这一官职以及其他官职由年龄超过 30 岁的公民抽签决定；在所有人都轮到过后将重新开始抽签，在此之前同一个人不得任职两次。假如某一位议事会成员在议事会或公民大会开会时未到，属 500 麦地姆努①阶层者须付三个德拉克马的罚款，属骑士阶层者须付 2 个，属有牲口阶层须付 1 个。最高法庭议事会为法律的护卫者，并且监督各类官员，以使其依照法律来统治。遭受不公正对待的人可以向最高法庭呈交申诉，言明自己受到不公正对待与哪一条法律相违。"②

公元前 594 年，梭伦当选首席执政官，大刀阔斧地进行了一系列重要改革，奠定了雅典政治制度的基础。当时的雅典社会，矛盾激烈，冲突频仍。"穷人们本人连同其子女和妻室全都为富人们所奴役。""所有的土地均为少数人所瓜分。""所有的借贷均是以人身为担保。""就大多数人而论，在政体方面最为难忍和辛酸的事情就是身受奴役。"③梭伦颁布"解负令"，明令废除债务关系，恢复因债务而沦为奴隶者的自由，规定今后不得以自己的身体和子女作为借债的抵押。梭伦还废除了德拉古制定的那些苛酷的法律，创立了陪审法庭，规定司法案件要由一定数目的陪审员陪审，希望能杜绝徇私

① 麦地姆努是古希腊容积单位，1 麦地姆努约合 54 公升。
② ［古希腊］亚里士多德：《雅典政制》，见苗力田主编：《亚里士多德全集》第 10 卷，中国人民大学出版社 1997 年版，第 6 页。
③ ［古希腊］亚里士多德：《雅典政制》，见苗力田主编：《亚里士多德全集》第 10 卷，中国人民大学出版社 1997 年版，第 3 页。

舞弊,使法治趋于清平。"梭伦主宰政事以后通过禁止借贷以人身为担保使平民获得了自由,既在当时也延续至将来,他还制订了法律,取消了一应私人与公众的债务。"①"他建立了一种政体,并另行制定了法律,人们停止使用德拉古关于凶杀之外的各种法令。这些法令被颁写在木板上,竖立在王宫柱廊里,所有人都发誓恪守它们,9 名执政官还要在那块石头跟前起誓:如果他们僭越了某条法律,他们将献塑一座金像;由此执政官们至今依然要这样起誓。他确立的法律延续了上百年之久。"②

梭伦的立法具有维护平民利益的特征:第一,禁止借贷以人身为担保;第二,"凡愿意者皆被允许替遭受不公正对待的人申冤";第三,建立了向陪审法庭申诉的制度,"陪审法庭成为一切公共及私人事务的裁决者"。③ "他规定各类官职从各部族预先选出的候选人中经抽签而定。每一部族预选出 10位候选人以角逐 9 名执政官的职位,再从这些候选人中抽签而定;由此延续下来每一部族抽签选举 10 人然后再从这些人中进行签选的惯例。"④"他组建了一个 400 人的议事会,每一部族出 100 人;但他指派最高法庭议事会负责护卫法律,就像它先前作为政体的监督者而存在一样;它督察其他各种事务以及政治生活中大多数最重大的事务,制裁犯罪者,拥有罚款

① [古希腊]亚里士多德:《雅典政制》,见苗力田主编:《亚里士多德全集》第 10 卷,中国人民大学出版社 1997 年版,第 7 页。
② [古希腊]亚里士多德:《雅典政制》,见苗力田主编:《亚里士多德全集》第 10 卷,中国人民大学出版社 1997 年版,第 8 页。
③ [古希腊]亚里士多德:《雅典政制》,见苗力田主编:《亚里士多德全集》第 10 卷,中国人民大学出版社 1997 年版,第 11 页。
④ [古希腊]亚里士多德:《雅典政制》,见苗力田主编:《亚里士多德全集》第 10 卷,中国人民大学出版社 1997 年版,第 9 页。

和判刑的决定权；它审讯那些图谋颠覆平民制的人，关于他们梭伦订立了一条告发的法律。"①

梭伦立法以后的第 32 年，庇西特拉图掌权。"在各种事情上他情愿依照法律——办理，不给自己以任何特权。曾有一次为一桩凶杀指控他被传唤去最高法庭受审，他亲自出庭申辩。"②"雅典在那一时期关于僭政的法律是温和的，除其余的外，关于建立僭政的条款尤其如此。他们的这条法律如下：雅典世传的法规兹此：如果有人起事以图行施僭政，或者有人出力匡助以建立僭政，他本人连同其家族将被褫夺公民权。"③

公元前 509 年，贵族出身的政治家克利斯提尼进行了一次划时代的改革。经过平民与贵族阶层的殊死搏斗，雅典政治制度越来越平民化。亚里士多德告诉我们，从伊翁及其追随者早期在雅典拓居、建立最早的规制起，雅典城邦共发生了十一次政体改制。"自那以来一直延续至今，民众的势力在不断增强。平民使自己成为所有事情的主宰，依靠决议和平民在其中做主的陪审法庭管理一切，因为即使是由议事会主持的审判也交到了平民手中。"④

经过多次改革，雅典政治制度具有了鲜明的民主特点。它在形式上允许一切雅典公民参与国家日常活动，公民直接参政、议政和行使司法权；实行公职人员选举制、任期制，并有

---

① ［古希腊］亚里士多德：《雅典政制》，见苗力田主编：《亚里士多德全集》第 10 卷，中国人民大学出版社 1997 年版，第 10 页。
② ［古希腊］亚里士多德：《雅典政制》，见苗力田主编：《亚里士多德全集》第 10 卷，中国人民大学出版社 1997 年版，第 18 页。
③ ［古希腊］亚里士多德：《雅典政制》，见苗力田主编：《亚里士多德全集》第 10 卷，中国人民大学出版社 1997 年版，第 19 页。
④ ［古希腊］亚里士多德：《雅典政制》，见苗力田主编：《亚里士多德全集》第 10 卷，中国人民大学出版社 1997 年版，第 44 页。

较严密的监督制度和程序;决定国家重大问题采用集体会议制;这些制度均以法律形式加以确认,公民可以通过各种制度来直接捍卫民主制度。这种民主政治制度在当时历史条件下具有进步意义,推动了雅典经济和文化的迅速发展。但是,雅典政制实质上是奴隶主阶级的民主,有其深刻的局限性。当时雅典居民中拥有公民权的不足总人口的二十分之一,民主制度的实施和贯彻局限在狭小的范围之内;农民、手工业者不可能经常放弃生产去开大会,政治权力实际上为少数有产阶级的政治家所掌握;民众大会虽然是雅典国家的最高权力机关,在政治生活中作用很大,但基本是依照统治集团的意志运转,以此实现奴隶主阶级对奴隶的专政。

第三节　法律思想

《法篇》是西方古代第一部法学专著,但柏拉图不是第一位法律思想家。希腊哲学诞生于公元前 6 世纪。在柏拉图之前,已有多位哲学家讨论过法律,这些哲学家是柏拉图法律思想的先驱。

第欧根尼·拉尔修记载说:早期哲学家毕泰戈拉(公元前 570—前 490 年)前往意大利的克罗通。"在那里,他为意大利人制定法律,他和他的门徒都声名卓著,其门徒达三百人之多;他将城邦治理得非常好,以至于几乎就是贤人政制。"①

早期哲学家赫拉克利特(公元前 530—前 470 年)的同胞

---

① 参阅[古罗马]第欧根尼·拉尔修:《名哲言行录》8∶3,徐开来、溥林译,广西师范大学出版社 2010 年版,第 785 页。

们"要求他为城邦立法,但他不理他们,因为在他看来,城邦早已风俗陵夷了"。① 他留下了这样的残篇:"法律也就是服从一个唯一的人的意志。""人民应当为法律而战斗,就像为自己的城垣而战斗一样。"②赫拉克利特区分了人的法律和神的法律,并说城邦的法律来源于神的法律。"人类的一切法律都因那唯一的神的法律而存在。神的法律从心所欲地支配着,满足一切,也超过一切。"③

德谟克利特(公元前460—?)留下了很多关于法律的残篇。他说:"尊敬法律、官长和最贤明的人,是适宜的。"④"用鼓励和说服的言语来造就一个人的道德,显然是比用法律和约束更能成功。因为很可能那种因法律禁止而不行不义之事的人,在私下无人时就犯罪了,至于由说服而被引上尽义务的道路的人,似乎不论私下或公开都不会做什么坏事。"⑤"法律意在使人们生活得更好。这只有人们自己有成为幸福的人的愿望才能达到;因为那些遵从法律的人,法律显得是适合他本性的美德。"⑥"正如颁布了法律来对付毒蛇猛兽一样,我觉得也应该颁布法律来对付某些人。按照习惯的法律来对付某些

---

① 北京大学哲学系编译:《古希腊罗马哲学》,商务印书馆1962年版,第14页。

② 北京大学哲学系编译:《古希腊罗马哲学》,商务印书馆1962年版,第22页。

③ 北京大学哲学系编译:《古希腊罗马哲学》,商务印书馆1962年版,第29页。

④ 北京大学哲学系编译:《古希腊罗马哲学》,商务印书馆1962年版,第108页。

⑤ 北京大学哲学系编译:《古希腊罗马哲学》,商务印书馆1962年版,第114页。

⑥ 北京大学哲学系编译:《古希腊罗马哲学》,商务印书馆1962年版,第119页。

人。按照习惯的法律,对于危险的人,在一切法律不予以保护的情况下都应该把他杀死。"①"凡杀死一个山寇或一个海盗的人,不论他是亲手杀死或受人差遣,或由于法律的决定,都应不受惩罚。"②"那些犯了当受流放、监禁或刑罚的罪行的人,应该受到惩处而不应赦免。"③

公元前5世纪的智者吕科弗隆提出过契约论的思想。他认为法律只是"一种互相保证正义的约定,并没有使公民善良和正义的实在力量"④。

苏格拉底(公元前469—前399年)是古希腊最重要的哲学家之一,也是柏拉图法律思想的最重要的先驱者。苏格拉底本人没有撰写过任何著作。他在柏拉图撰写的对话中虽然是对话人,但柏拉图对话中表述的思想之归属需要读者仔细鉴别。我们在这里仅以色诺芬的《回忆苏格拉底》为材料来源。

公元前399年,苏格拉底受到指控,罪名主要有两条:一条是不敬城邦所敬的诸神而引进新神;另一条是败坏青年。在法庭上他为自己的所作所为进行了申辩,毫不退缩,结果被判处死刑。朋友们打算营救他逃离雅典,但他拒绝了。他认为自己必须遵守雅典的法律,因为他和城邦之间有神圣的契约,不能违背。关于苏格拉底之死,德国古典哲学家黑格尔曾

① 北京大学哲学系编译:《古希腊罗马哲学》,商务印书馆1962年版,第121页。

② 北京大学哲学系编译:《古希腊罗马哲学》,商务印书馆1962年版,第121页。

③ 北京大学哲学系编译:《古希腊罗马哲学》,商务印书馆1962年版,第121页。

④ 北京大学哲学系编译:《古希腊罗马哲学》,商务印书馆1962年版,第144页。

说:"他的遭遇并非只是他本人的个人浪漫遭遇。而是雅典的悲剧、希腊的悲剧,它不过是借此事件,借苏格拉底表现出来而已。这里有两种力量在互相对抗:一种力量是神圣的法律,是朴素的习俗——与意志相一致的美德、宗教——要求人们在其规律中自由地、高尚地、合乎伦理地生活,我们可以用抽象的方式将它称为客观的自由……另一个原则同样是意识的神圣法律,知识的法律,是主观的自由,这是那教人识别善恶的知识之树上的果实,它自身的知识也就是理性,这是往后一切时代的哲学的普遍原则。"①

色诺芬记载说,苏格拉底以身作则,遵守法律。"在他的私人生活方面,他严格遵守法律并热情帮助别人;在公众生活方面,在法律所规定的一切事上他都服从首长的领导,无论是在国内或是从军远征,他都以严格遵守纪律而显著地高出别人之上。当他做议会主席的时候,他不让群众作出违反法律的决议来,为了维护法律,他抵抗了别人所无法忍受的来自群众的攻击。当三十僭主命令他做违背法律的事的时候,他曾拒绝服从他们。当他们禁止他同青年人谈话并吩咐他和另外一些公民把一个人带去处死的时候,只有他一个人因这个命令与法律不合而拒绝执行。当他因米利托斯的指控而受审的时候,别的被告都习惯于在庭上说讨好法官的话,违法地去谄媚他们、乞求他们,许多人常常由于这种做法而获得了释放,但苏格拉底在受审的时候却决不肯做任何违法的事情,尽管如果他稍微适当地从俗一点,就可以被法官释放,但他却宁愿

① [德]黑格尔:《哲学史讲演录》第2卷,贺麟、王太庆译,商务印书馆1981年版,第44—45页。

守法而死,也不愿违法偷生。"①

苏格拉底讨论了法律的定义？他认为,法律"是公民们一致制定的协议,规定他们应该做什么和不应该做什么"②。按照这些律法行事为人的人就是守法的,不按照这些律法做的人就是违法的。守法就是正义。不能因为这些制定法律的人自身经常废弃或修改法律,就否定法律的重要性,否定守法的必要性。

苏格拉底指出,要求人民守法的目的是保证城邦的和谐与幸福。他说斯巴达的立法家最牢固地建立了守法精神,"那些最能使人民守法的城邦领导人是最好的领导人,那些拥有最守法的人民的城邦,在和平时期生活得最幸福"③。"在希腊到处都有要求人民立誓同心协力的律法,""凡人民遵守法律的城邦就最强大,最幸福。""作为一个人,还有什么方法能使自己少受城邦的惩罚,多得到国人的尊敬呢？还有什么方法能使自己在法庭上少遭失败,多获得胜利呢？"④

苏格拉底还谈论了不成文法。他指出,不成文法就是"到处都一致遵守的律法",比如孝敬父母、以德报德。违反了这些法律就不能不受惩罚,这些法律来源于神,"是其本身就给违法的人带来惩罚的法律"⑤。

---

① ［古希腊］色诺芬:《回忆苏格拉底》,吴永泉译,商务印书馆1984年版,第161页。
② ［古希腊］色诺芬:《回忆苏格拉底》,吴永泉译,商务印书馆1984年版,第165页。
③ ［古希腊］色诺芬:《回忆苏格拉底》,吴永泉译,商务印书馆1984年版,第165页。
④ ［古希腊］色诺芬:《回忆苏格拉底》,吴永泉译,商务印书馆1984年版,第166页。
⑤ ［古希腊］色诺芬:《回忆苏格拉底》,吴永泉译,商务印书馆1984年版,第169页。

第二章　内容梗概

　　《法篇》采用对话文体。对话中有三位对话人:一位匿名雅典人;一位克里特人,名叫克利尼亚;一位拉栖代蒙人①,名叫麦吉卢。他们三人在克里特岛上相遇,结伴而行,从克诺索斯出发,前去宙斯的洞穴和神庙访问,一路上讨论了大量问题。这就是《法篇》预设的场景。《法篇》篇幅浩大,原文共分十二卷。我们在此先概括《法篇》的主要内容,便于读者把握《法篇》的基本内容。

第一节　原文第一卷(1.624a—1.650b)

[法律的神圣起源、政制与法律(1.624a—1.626c)]

　　克里特和拉栖代蒙拥有卓越的制度和法律,均声言天神为城邦立法。克里特人把立法归功于天神宙斯,拉栖代蒙人把立法归功于太阳神阿波罗。克里特国王弥诺斯每九年与他父亲宙斯相会一次,依据宙斯的宣谕,为城邦立法。

---

① 即斯巴达人。

这些城邦认为自己是战争工具。因此,城邦设有公餐、体育锻炼、武器装备等制度。这些制度原本是一些很容易理解的习俗,后来才具有法律的效力。克里特的地形崎岖不平,所以只能进行跑步训练,公民保持轻装,奔跑而不负重。克里特人进行这些训练都是为了在战争中厮杀。公餐在战争时期可以起到保护自己的作用。克里特的立法者着眼于战争,在公共领域和私人领域建立了这些制度。本着这种精神,立法者制定相应的法律,并要求人们遵守。为了确保在对外战争中取胜,城邦需要良好的组织和管理。

[城邦、村庄、家庭、个人(1.626c—1.628c)]

城邦、村庄、家庭、个人之间的关系是什么? 个人与其自身的关系是什么? 他们之间是敌对者的关系,不仅在公共领域每个人都是其他人的敌人,而且在私人领域每个人都会对自身发起攻击。我们每个人都在与自己打仗,战胜自己是一个人最先的和最好的胜利。我们中间的每个人要么是他自己的征服者,要么被他自身所征服。对家庭、村庄、城邦来说也一样。立法者着眼于和平,对其成员进行调停,给他们立下规矩,规范他们今后的生活,确保他们能和睦相处,友好相待。

[立法者以和平为旨归(1.628c—1.628e)]

战争有两种结局:一种是一方获胜,一方毁灭,和平尾随战争而至;另一种是通过调停,带来和平与友谊。每个人都会比较喜欢第二种结局。任何立法者都以获取至善为目标制定法律。然而,至善既不是战争,又不是内战,而是人与人之间的和平与善意。真正的立法者把对外战争当作首要的和唯一的关注,把战争当作和平的工具,而非把立法当作战争的工具。

[法律与美德(1.629—1.632d)]

战争有两种:一种是邪恶的、痛苦的内战;另一种是与其他国家的敌人打仗,这种战争不那么邪恶。正义、自制、智慧、勇敢是四种主要的美德。一个人在内战中决不可能证明自己的健全和忠诚,除非他拥有各种美德;而在对外战争中,大量的雇佣军中大部分人是鲁莽的、不义的、野蛮的、极为冒失的,鲜有例外。

我们把美德解释为立法者的立法目标,这样做是正确的。然而,不能说整个立法只以某一部分美德为旨归,而美德的其他部分都微不足道。立法者在制定法律时以最高的美德为目标。立法者们对美德的排位有所不同,拉栖代蒙城邦把勇敢当作最高的美德,因此我们错误地认为莱喀古斯在立法时着眼于战争,而实际上应当说他旨在整个美德。

克里特人的法律在整个希腊世界拥有崇高的名望。他们的法律是健全的,遵守法律的人会取得幸福,法律会给他们带来大量的好处。首先,立法者应当监管他的人民,用适当的荣誉和耻辱去激励他们。立法者应当观察他们的快乐、痛苦、欲望,以及他们强烈的激情;立法者必须使用法律本身作为工具,给予他们恰当的赞扬和责备。其次,立法者必须监管公民获取和消费金钱的方法;立法者必须保持敏锐的目光,使用各种方法,对他们之间的相互联系进行监察;立法者要把荣誉授予依法行事的人,而对违法者进行专门的惩罚。所有法规可以融为一个理性的整体,受正义与自制的激励,而非受制于财富或野心。

[抗拒快乐也是一种勇敢（1.632e—1.635e）]

　　所谓勇敢就是抗拒恐惧和痛苦、欲望和快乐。拉栖代蒙人和克里特人有一条最优秀的规矩，禁止年轻人询问与法律相关的是非曲直；每个人必须说这些法律非常优秀，是神的恩赐。你们在所有民族中间是独特的，因为你们得到立法者的训诫，远离那些最诱人的娱乐和快乐，不去尝试它们。

　　你们的立法者指出，要是一个人自童年起就回避痛苦和恐惧，那么他以后就无法避免痛苦和恐惧。对待快乐也应当按照同一思路。如果城邦公民在成长过程中没有经历最强烈的快乐，没有坚定地对抗快乐，那么他们对快乐的喜爱将引导他们走向与屈服于恐惧的人同样的命运。我们的公民在灵性方面，部分是奴隶，部分是自由民，仅仅在十分有限的意义上，他们配得上被称作勇敢的和自由的。

[联系节制的美德讨论立法（1.635e—1.637d）]

　　自制的美德可以排在勇敢之后。设立公餐制、进行身体训练，可以培养自制的美德。男人和女人为了生儿育女而聚集在一起，他们体验到的快乐是完全自然的。但是，男同性恋和女同性恋是非自然的，犯下这种罪行的原因是人们不能控制寻求快乐的欲望。快乐与痛苦对城邦和个人的品性有影响。快乐和痛苦就像自然释放出来的两道泉水。一个人在恰当的时候适度饮用泉水，就会享有幸福的生活；但若他在错误的时候不理智地饮用泉水，他的生活就不一样了。拉栖代蒙的立法者颁布回避快乐的政令，这样做是正确的。它可以消除人们的放纵，不让事情变得无法控制，也不让人们干下蠢事；在拉栖代蒙的任何地方都看不到酒宴，也看不到与酒宴一道举行的各种激励快乐的活动，无论是在乡下，还是在城镇，全都处于法律的控制之下。

[考察制度的正确方式(1.637c—1.643a)]

仅仅指出战争的胜利或失败，无助于我们得出一个无可争议的标准，用来判断某个既定实践活动有价值或无价值。当前我们必须放弃用战争的胜负来解释实践活动。城邦是一个集合体，城邦要发挥功能就要有一位领袖，让其成员处于他的领导之下：观察者要是对它提出赞扬或谴责，就要对这个集合体进行观察，否则他的赞扬或谴责就没有什么价值。对军队进行恰当的控制，城邦就能赢得胜利。对儿童进行监管，城邦可以从中获得好处；对公民进行训练，城邦可以使他们接受良好的教育而成为好人，获得各方面的成功，乃至于在战争中征服他们的敌人。教育可以导致胜利，但在某些情况下胜利也会带来教育的损失，因为人们经常由于赢得战争的胜利而骄傲，这种骄傲会使他们充斥邪恶。

[教育的两种定义(1.643a—1.644b)]

醉酒包含着对年轻人进行教育的宝贵方法。教育就是训练年轻人参加生活所需要的活动，游戏是一种上佳的训练方式，这是教育的第一个定义。要在某个具体行业出人头地，必须从小开始练习。抚养儿童的正确方式就是利用他的游戏时间，在他的灵魂中培养对他将要从事的职业的热爱，从小开始进行专业技术训练。

教育的第二个定义是有别于专业技术训练的美德熏陶。从儿童开始，这种熏陶使儿童产生强烈的愿望，长大以后要成为一名完善的公民,知道如何按照正义的要求去统治和被统治。

两种教育要分开,只让美德熏陶保留教育这个名称。那些旨在获得金钱和使身体强壮的训练,甚至旨在获得某些不受理性和正义指引的理智能力的训练,都应当视为粗俗的、不高雅的,完全不配称作教育。

世上任何地方都不应当轻视教育,因为教育和伟大的美德相结合时,教育是无价之宝。倘若教育出现腐败,但尚能矫正,那么这是每个人应当付出毕生精力来从事的工作。

[法律是城邦的公共决定(1.644b—1.645d)]

每一个人都是个人,身上都有快乐与痛苦两种情感。对痛苦的预见被称作恐惧,预见到痛苦的对立面被称作自信。人的理性可以对痛苦和快乐进行算计,得到的判断被表述为城邦的公共决定,由此,这些公共的决定有了法律的头衔。法律的力量是卓越的,人必须与法律合作。城邦的责任在于得到对这种力量的解释,使之成为治理城邦内部事务的法律,以及处理城邦之间关系的法律。

[灵魂的自制与谦逊(1.645d—1.650b)]

饮酒能使快乐和痛苦、愤怒和爱欲更加强烈,能使感觉、记忆、意见和思想变得更加强烈。在这种情况下,人的自我控制能力最低。人的灵魂在某些情况下会自甘堕落。就像那些求助于高强度体育锻炼的人会暂时变得虚弱。所以要防止灵魂衰退,让灵魂得到锻炼。恐惧有两种:第一种是害怕自己会做不光彩的事,得到坏名声。这种恐惧可以称作谦逊。谦逊的对立面是傲慢。第二种恐惧是抵抗痛苦和快乐。所以,两种事情对胜利有贡献:面对敌人时的无所畏惧和害怕在朋友面前丢脸。要想使一个人摆脱恐惧,可以把他暴露在恐惧之下,使他成为无所畏惧的。他可以在诫命、习惯和机智的帮助下,对引诱他犯错的快乐和欲望发起斗争,实现对自己的完全支配。应当培养灵魂的两种品质:使我们极度自信的自制;使我们极度恐惧的谦逊。

第二节　原文第二卷(2.652a—2.674c)

[教育的第三种定义,为歌舞、音乐、艺术立法(2.652—2.657c)]

饮酒有好处也有坏处,因此要给酒宴制定某种规矩。只要能以恰当的方式举行酒宴,那么酒宴实际上是教育的保障。婴儿最先得到的感觉是快乐和痛苦。在儿童获得理智之前,快乐和痛苦的感觉在他的灵魂中萌发出来。美德就是理智和情感的协和。因此,教育就是对成年以前的儿童进行正确的约束。用纪律规范儿童的快乐感和痛苦感,使之获得美德。这就是教育的第三种定义。

教育来源于阿波罗和缪斯①。动物在运动中缺乏有序的观念,没有被我们称作节奏或旋律的那种感觉,而人被造就为有这两种感觉,能够享受它们。众神把节奏和旋律赐给人,激励人去运动,使人能把唱歌与跳舞结合在一起。一个人没有参加歌舞队的训练,就是没有受过教育。歌舞队的表演是跳

---

① 阿波罗是古希腊太阳神,缪斯是文艺女神,共九名。

舞和唱歌的组合。舞蹈由形体运动构成,旋律与歌曲相伴。判断音乐的标准在于音乐能给灵魂提供快乐的力量。各个城邦都要对文化、教育、娱乐立法,创作者不能拥有无限的自由,歌舞队应由守法公民家里的少年儿童组成,编导不可随意把他在创作时令他愉悦的任何节奏、曲调、话语教给他们,而不在意对他们的善恶观会有什么影响。对快乐的渴望和回避单调乏味的愿望确实会引导人们不断追求新颖的音乐,神圣化的歌舞表演会被指责为过时。城邦应当通过立法来规范音乐,让它展现天然正确的旋律。

[教育的第四种定义 (2. 657c—2. 660e)]

年轻人热衷于跳舞和唱歌,而老年人观赏歌舞,以此消磨时光。他们的快乐来自消遣和寻欢作乐。若以能否提供快乐为判断标准,那么给观众提供快乐最多的竞赛者将赢得比赛,赢得奖品。假如一群儿童在做决定,他们无疑会让上演木偶戏的人获奖。如果由一些少年来决定,他们会选择上演喜剧的人。年轻人的嗜好与大众差不多,他们会选择悲剧。老年人可能最喜欢听人朗诵《伊利亚特》或《奥德赛》,或者赫西奥德诗歌的选节。城邦显然应当由老年人来挑选竞赛胜利者。

判断音乐的标准是音乐所能提供的快乐,但不是给任何人提供快乐。最优秀的音乐是那些能使最优秀的、恰当地受过教育的人感到快乐的音乐,它要能使那些受过良好教育的人感到快乐。对音乐做判断需要善,判决者不仅需要智慧,而且需要勇敢。一位真正的判决者一定不能随波逐流,顺从听众,一定不能在大众的喧嚣下丧失自己的判断力,也不能由于胆小怕事而软弱地宣布违背自己本意的判断。判决者的任务不是向听众学习,而是教育听众,反对那些以错误的、不恰当的方式给听众提供快乐的表演者。按照古代希腊的规矩,现今西西里和意大利风俗中的这些自由是不存在的,也就是把事情交给大多数听众来裁决,根据他们的投票来决定胜利者。这种做法既腐蚀了诗人,同样又腐蚀了听众的嗜好,因为诗人的创作标准以裁决者的嗜好为依据,听众成了他们实际上的老师。

讨论第四次回到原点。教育实际上就是把儿童引导到由法律宣布为正确的规矩上来,其正确性为最优秀、最年长的人的共同一致的经验所证明。儿童的灵魂学习感受快乐与痛苦要与成年人为伴,在与成年人所经历的相同事物中习得快乐和痛苦。拥有诗人天赋的人必须创作他们应该创作的东西,用高尚精美的诗句来再现好人,用适当的节奏来再现好人的胸怀,用优美的旋律来再现好人的节制。

[善物的序列、教育的第五种定义(2. 660e—2. 666d)]

人们常说健康是最大的善,美貌列在第二位,财富列在第三位。其他善物还有敏锐的视力、听力、担任独裁者、长生不老,等等。如果拥有所有这些所谓的善物,而没有正义和美德的陪伴,那么哪怕只是活着,都是巨大的邪恶。立法者要强制每一位居民过正义的生活。最正义的生活也是给人最多快乐的生活。最正义的生活是神最保佑的,这样的人享有最大的幸福。

立法者要做的事情就是发现什么样的信念有益于城邦,然后设计各种方式,确保整个共同体能始终如一地对待这种信念。他要组织三支歌舞队:第一是儿童歌舞队,让他们在首次公开登台亮相时就向整个城邦展现它的全部力量;第二是由三十岁以下的成年人组成的歌舞队,他们在表演时应当祈求神为他们作见证,祈求神的恩典能使年轻人信服;第三是三十岁至六十岁之间的人组成的歌舞队。

通过参加歌舞队,儿童的灵魂学习感受快乐与痛苦。从远处观看某个事物会感到模糊,但是立法者会拨开笼罩在我们判断之上的迷雾,劝导我们养成正义和不正义的观念,产生比较优秀的判断。教育就是锻造灵魂,就像将铁投入火中,使之变得柔软温顺,这就是教育的第五个定义。

[模仿艺术不能以快乐为标准(2.666e—2.669b)]

一切事物之所以具有内在魅力,最主要的原因就在于它具有某种正确性和有用性,具有某种具体的吸引人的性质,人们称之为快乐。但是,模仿技艺的正确性一般说来并不取决于它们带来的快乐,而是取决于仿造物对原本的尺寸和性质进行模仿的准确程度。没有哪一种模仿能够用不正确的意见或用它提供的快乐为标准来加以判断。准确性,而非其他任何东西,是唯一可行的标准。

任何人要想成为再现艺术的聪明的法官,应当具有下列三种素质:第一,他必须知道被再现的这个东西是什么;第二,知道如何才能将它正确地复制;第三,知道这个用语言、曲调和节奏产生出来的再现物有什么道德价值。

[音乐与教育(2.669b—2.672c)]

音乐的创作者会在音乐中寻找丰富的资源用于娱乐。这样的实践活动诉诸乡野村夫的嗜好与品位。有唱歌义务的五十岁的人必须接受一种比歌舞队的音乐标准更高的教育。

歌手至少应当接受如下的教育:他们每个人都应当能够跟得上曲调的节奏和音符,能考察和音与节奏,选择适宜他们歌唱的曲调和扮演的角色。这样的选择会给他们带来无害的快乐,也能促使年轻一代采纳合乎道德的习俗。他们还要能评价模仿在道德上是善的还是恶的。

歌舞能使饮酒者的灵魂发热变软,就像加热了的铁,变得可塑。立法者要为酒宴立下规矩,引导赴宴者。头脑冷静和清醒的人应当保护这些法律,并与法律协作,指挥那些头脑不清醒的人。他们已经统治和规范了宴饮的全部过程,每一步都严格遵守清醒者给饮酒者的指示。

没有任何动物生来就有理智或者就会使用理智。当一个动物还没有达到一定的智力水平时,它是相当疯狂的。它会乱吼乱叫,一发现自己有腿,就会到处乱跑。这就是音乐和体育的源泉。这也是人有节奏感和旋律感的源泉,阿波罗、缪斯、狄奥尼修斯是联合起来在我们身上种下这种感觉的神灵。

[若想让酒起教育作用,必须制定法律(2.672e—2.674c)]

按照一般的说法,酒被赐给人类是为了使人丧失理智。而我们的解释正好相反:这种馈赠旨在成为一种药物,在灵魂中产生敬畏,在人的身体中产生健康和力量。

把唱歌和跳舞加在一起,在一定意义上可以算作整个教育。唱歌涉及声音和节奏。跳舞涉及身体运动。讲话的声音穿透到灵魂,我们把它当作一种德性教育,称作音乐。愉悦的舞蹈起到健美身体的作用,我们把这种系统的训练称作体育。这种娱乐形式同样起源于一切动物天然的跳跃习惯。人这种动物获得了节奏感,由此产生了舞蹈。音调触动和唤醒了对节奏感的回忆,而出于二者的结合就产生了合唱和作为一种娱乐的舞蹈。

城邦制定一系列规矩来控制饮酒,用来培养节制的习惯,把这些规矩当作掌握这些活动的工具,我们必须遵循这些规矩。但若城邦把饮酒当作纯粹的娱乐,允许所有人随意喝酒,想跟谁一起喝就跟谁一起喝,在喝酒时为所欲为,那么就不再允许这样的城邦或个人嗜酒。迦太基人的法律禁止任何士兵在战场上喝酒,在军训期间也只能喝水。没有城邦需要许多葡萄园,葡萄栽培要保持在一个合理的狭小限度内。

第三节　原文第三卷(3.676a—3.702e)

[文明发展与体制的产生(3.676a—3.682d)]

城邦存在的时间长得令人难以置信。在某个时期,有成千上万的城邦产生,也有许多城邦灭亡。城邦采用各种类型的政治体制。有时候小城邦变成大城邦,有时候大城邦变成小城邦;有时候好城邦变成坏城邦,有时候坏城邦变成好城邦。

由于大洪水、瘟疫以及其他许多原因,人类在历史上多次被灭绝,只有极少数人幸存。山里的牧人逃到山顶,躲过大洪水,成为人类仅存的余烬。建在平原和海边的城市全都彻底毁灭,各种技艺也都失传,政治领域中的有价值的体制也都完全佚失。今天的国家、政制、技艺、法律、道德,都是在文明的废墟上重新发展起来的。

在那个时代,法律还不是一种普遍的现象。人们还没有感到需要立法者。那个时代的人还没有任何成文的法规,而是生活在顺服之中,接受祖先的习俗。但是,那个时代已经有了政治体制。那个时代的政治体制是独裁制。在今天世界的许多部分仍旧能够发现独裁制,既在希腊人中间,又在非希腊人中间。

那个时代的人以家庭为单位分散居住,拥有自己的家宅。最年长的成员凭借从他的父母那里继承下来的权力进行统治;其他成员服从他的领导,形成一个群体。这些成员顺服的权柄就是他们的家长。下一步,若干个家庭聚集在一起,形成了较大的共同体。他们开始转向农业,在山坡上种植,建造石头围墙,防范野兽,保护自己。其结果就是形成共同的家园。最初相对较小的家庭成长为较大的家族,每个小家庭都在它自己的最年长的成员的领导下生活,遵循习俗。每个群体的成员再进入较大的有专门法律的共同体,用他们自己的偏好影响他们的子女。

这个时候,人们有了立法的需要。每个群体不可避免地会批准它自己的法律,而不太喜欢其他群体的法律。下一步必定是在这个联合体中选择一些代表来统治所有家族,从民众领袖和首领中产生了国王。这些代表就是所谓的立法者,通过任命首领担任官员,他们从独裁制中分离出一种贵族政制,或者也许就是王政。在这种政治体制发生转型的时期,他们自己会监管这个国家。第三种类型的政治体制诞生了,这种体制实际上接受所有政治体制及其变形,在其发展的实际阶段也会展现多样性和变化。

[城邦联盟的崩溃(3.682d—3.689e)]

上面讲的城邦有四种:第一,由单一家族构成,处于独裁统治下;第二,由多个家族构成,处于贵族统治之下;第三,由平原上的多个城市结合而成,有各种体制;第四,诸城邦的联盟。我们要考察第四种城邦,追溯它的历史基础和后来的发展,乃至今日它的成熟状态。

假定有三个城邦通过盟誓的方法组成城邦联盟。它们各自按照相互缔结的法律交换誓言,采用这些法律来规范权柄的行使,并且服从它。国王们宣誓,只要国家能够延续,就决不强化他们个人的统治;其他人则承诺,除非统治者一方与之讨价还价,否则决不推翻王权,也不宽恕其他人的类似企图。如果受到侵犯,国王会帮助民众,民众也同样会帮助国王。要是某个城邦违反这些已经制定了的法律,必定遭到城邦联盟中的其他两个城邦的反对。

在这个城邦联盟中,有两个城邦的政治体制迅速衰败,只有好战的城邦幸存。它从未停止过与另外两个城邦的战争。好的立法者必须着眼于战争来建构他的整部法典;立法者不能只着眼于四种美德中的勇敢,而应当着眼于所有美德。

[统治与服从(3.689e—3.693a)]

城邦必定要有人进行统治,而其他人服从统治。这种情况共有七种:第一,父母有资格控制他们的子女和后代;第二,出生高贵的有资格统治出生卑贱的;第三,年轻人应当服从年长者的统治;第四,奴隶要服从他们的主人对他们的控制;第五,强者应当实行统治,弱者应当服从统治;第六,无知者应当接受聪明人的领导,服从聪明人的统治;第七,那些由抓阄选出来的人有权统治其他人。前六种命令是自然的律令,是法律对那些自愿的从属者的统治,而不是凭借暴力进行的统治。

而第七种命令是非自然的,可以解释说这种统治依据上苍和命运的青睐。这是最公平的安排,如果赢了就去行使权力,如果输了就接受统治。

[如何避免两种失败:独裁和过度的民主(3.693a—3.701e)]

城邦应当是自由的、智慧的、内在和谐的,这就是立法者在立法中要关注的事情。有两种体制是体制之母,其他体制皆由它们所生。君主制是前一位母亲的恰当名称,民主制是另一位母亲的恰当名称。前一种体制在波斯人那里可以看到最完全的形式,后一种体制则在希腊人的国家中被发挥到极致;其他所有体制均为这两种体制的变种。使一种政治体制能具备这两种体制的优点至关重要,若不把这两种体制的组成要素恰当地结合起来,就不能建构城邦。波斯过分热烈地只拥抱君主制的原则,希腊只拥抱自由的理想;二者都没有在两种体制中取得平衡。而拉栖代蒙和克里特在这方面做得比较好。

考察波斯人的政治体制,可以看到他们年复一年地衰败,其原因在于普通民众的自由太少,君主的权力太大,从而使他们的民族情感和公共精神终结。由于它们的消失,权柄们关心的不再是臣民的共同利益,而是自己的地位。只要认为对自己有一点儿好处,他们就会把国家的城市和民众投入烈焰,使国家变得荒无人烟,于是人们野蛮地相互仇视,深怀敌意。另一方面,当需要民众组成军队保护自己时,他们在民众中找不到忠诚者,也没有人愿意在战场上为他们冒险,理论上他们的军队成千上万,实际中再多也不起作用。因此他们就招募雇佣兵和外国人来打仗,指望这些人能救自己的命,就好像没有自己的军队似的。不仅如此,他们还不可避免地变得愚蠢,乃至于用他们的行动公开宣称,整个城邦视为善的和有价值的东西,在他们眼中只是垃圾。这个帝国运转不良,因为民众被严格管束,而统治者极度专权。

然而,摆脱一切权威的完全自由比服从有限制的权力要糟糕得多。雅典人抱着自由的理想。当波斯人进犯希腊人的时候,雅典人拥有一种体制,以四重城邦等级为统治的基础。节制女神是我们内心的守护神,她迫使我们自觉自愿地服从法律。此外,来自海上和陆上的强大敌军使我们惊恐万状,迫使我们更加严格地服从法律和执政官。这些原因都在不断地强化我们相互之间的忠诚。他们明白自己获救的机会掌握在他们自己手中。这些原因结合在一起,激发了他们相互间的忠诚,恐惧使他们想要逃跑,但对现存法律的服从平息了这种恐惧,他们已经学会要服从现存的法律,这就是良知。要成为高尚的人,必须服从良知,出于恐惧而逃脱应尽义务的则是懦夫。在一定意义上,我们的命运与波斯人的命运是一样的,尽管他们把共同体的成员变成彻底的下属,而我们鼓励民众争取无限的自由。在我们古老的法律下,民众不是处于控制之下,而是过着这样一种生活:自愿服从法律,当法律的奴隶。

立法者在立法时应当着眼于三样东西:城邦的自由、统一和智慧。由于这个原因,我们要选择两种政治体制,一种是最高程度的专制,另一种代表极端的自由。这两种体制一种是适度的威权主义,另一种是适度的自由,两种情况都会带来巨大的进步。

[建立一个殖民城邦以验证上述理论的正确性(3.702a—e)]

我们试图建立一个殖民城邦。我们的任务就是以我们满意的地方法律为基础,创作一部法典,也使用某些外国法律。我们不在意这些法律是否来源于外国,只要它们的质量是最好的。让我们建构一个想象的共同体,假定我们是它最初的创建者。这样做将促进我们的思考,我也许可以把这样的设计蓝图用于建设将来的国家。在理论中创建我们的国家。

第四节　原文第四卷(4. 704a—4. 724b)

[创建新城邦,为之立法(4. 704a—4. 707d)]

我们新创建的这个城邦位于海滨,距离海边有八十斯塔达①,它有一个很好的港口。但它缺乏许多生活必需品,不能自给自足,所以需要一位强大的保护人和立法者,防范在这种情况下产生诸多罪恶。它会使城市充斥商人和小贩,培育出易变和多疑的灵魂习性,从而使城邦对自己不信任和不友好,也对全人类不信任和不友好。由于它的地势崎岖不平,显然不可能出产各种粮食,也不能获得丰收。如果有丰富的物产,大规模的出口就有可能;这样的话,城邦就会有大量的金银流通。

美德是建立这种体制的目的。城邦的美德应当是完整的,不可缺少某个部分。所以,立法要着眼于整个美德。仅当法律以唯一事物为目的,法律才能很好地被执行。法律必须无视其他各种目标,无论它是财富还是别的什么。我们要考察城邦的地理特点和法律体系,最终目的是为了保证政治体制的质量。

---

①　斯塔达,长度单位,希腊里,1 斯塔达约合 185 公尺。

[建立新城邦的条件(4.707e—4.712a)]

　　创建一个城邦并为之立法,乃是一项超级考验。克里特要创建殖民城邦不是一件易事。新城邦的公民要来自整个克里特,来自整个希腊。

　　移民会带来很多问题。移民不像一群蜜蜂,从同一个地方迁来,相互之间保持友好,只是由于原来的领地不够大,不能充分提供生活必需品,所以才迁徙到这里来。一个移民团体会由于党派之争而用暴力驱逐部分成员,也会有某个团体受到外来侵犯而被驱逐。一种方式的定居和立法在各种情况下都比较容易,而另一种方式就比较困难。种族、语言、体制方面的相同确实有助于促进人们之间的友好感情,他们在宗教仪式以及其他类似的事情中会融为一体,但他们不会容忍与其原有法律和体制不同的新法律和新制度;这是因为,有的移民团体遵守坏法律而结成派别,其成员出于习惯势力而拒不服从新城邦的创建者以及他们制定的法律。由各种不同成分聚集在一起的人比较愿意接受新法律,但需要很长时间才能使其全体成员同呼吸,共命运。

　　灾难的发生有成百上千种形式。鉴于这些事实,人们以为人类的全部历史都是由偶然事件组成的,没有制定过任何法律。神是人类一切事务的操控者,时机只起第二位的影响。此外还有技艺,这第三种因素在起作用。城邦要过上幸福生活,必须具备某些条件。共同体需要发现一位立法者,他要懂得处理这些事务的正确方式。这位立法者就是独裁者。这位独裁者要年轻一些,要有好记性,能很快地学习,要非常勇敢,要有高尚的品性。这位独裁者想要改变城邦的道德风尚不需要很长时间。他只需沿着他所希望走的道路前进,敦促他的公民以他为榜样，给公民们画一张完整的道德蓝图；他必须赞扬某些行为，批评另外一些行为，在每一行为领域，他必须看到任何不服从的人都要受到斥责。

最好的国家是独裁制的产物，创建这个国家的最快捷、最容易的方式是拥有第一流的立法者和行为端庄的独裁者。独裁制是最理想的起点，第二好的体制是君主制，第三好的体制是民主制，寡头制排列在第四位，因为它有很多掌权者，而要形成一种新秩序是很困难的。无论采用哪一种统治形式，都要由一个人掌握最高权力，并且让他拥有智慧和自制，这样就会产生最佳政治体制，还会有与之相配的法律。

[最高统治者对法律的态度(4.712b—4.716b)]

拉栖代蒙的政治体制设有监察官。这种体制确实极为独裁，然而这种体制在运行中又非常民主。它不是一种寡头制。但它一直有国王，因此是一种王政。世上所有人都把它当作一种最古老的王政来谈论。之所以如此，原因是刚才被我们称作体制的东西实际上并不是体制，而只是运作城邦的一些方式，这些方式全都要求某些公民像奴隶一样服从其他公民。

新城邦以神为统治凡人的最高统治者，这些凡人拥有理性，而请神来实施统治。共同体如果不是由神来统治，而是由人来统治，那么其成员就不可能摆脱邪恶和不幸。新城邦要再造克洛诺斯时代①的生活，规范私人家庭和公共城邦，并把这种理智的约定称作法律。但若一个人、一种寡头制，或者一

——————

① 克洛诺斯是希腊神话中的第二代众神之王，克洛诺斯时代在希腊神话中是人类的白银时代。

种民主制,用它自己的灵魂关注自身快乐、激情和欲望的满足,那么这样的灵魂无法自持,而会被长期的、贪得无厌的疾病所控制。如果这样的人或体制把法律踩在脚下,对个人或城邦发号施令,那么一切获救的希望都会消失。

当公共职位充满竞争时,胜利者会彻底接管城邦事务,会完全否定失败者及其后裔,不让他们分享任何权力。一个党派会监视其他党派因妒忌而策划的叛乱,因为叛乱者认为取得职位的那些人过去作恶多端。这样的城邦当然不是法治国家,就好像法律若不是为了整个共同体的共同利益,就不是真正的法律一样。为一个党派做事的人是党派分子,而不是公民,他们所谓的公民权力是空洞的陈词滥调。绝对服从已有法律的人才能对其同胞取得胜利,只能把众神使臣的工作交给这样的人,让他担任最高职位。次一等的职位则通过竞选产生,其他职位也同样通过有序的选拔来确定。权力是法律的使臣,这样说并非为了标新立异,而是因为城邦的生存或毁灭主要取决于这一点。法律一旦被滥用或废除,共同体的毁灭也就不远了;如果法律是政府的主人,政府是法律的奴隶,那么整个世道会充满应许,众神对城邦的赐福就会到来,人们将享有各种幸福。

一切事物的开端、终结和中间都掌握在神的手中;事物在自然循环中运动,走向终结,沿着正确道路前进的事物比背弃神圣法则的事物更加正义。以卑微、恭敬的态度密切追随神圣法则的人是幸福的,而那些空洞自傲的人,例如为财富、等级、年轻、美貌而感到自豪,陷入荒淫的火坑,既不接受管教又不要指导,反而要去指导别人,这样的人就会遭到神的离弃。这样的人被离弃后会聚集他的同类,用疯狂的行为制造混乱。

在有些人眼里,他似乎是伟大人物,但要不了多久,他就会无限制地修改正确的东西,毁灭他自己,毁灭他的家庭,毁灭他的国家。

[法律提倡的根本义务(4.716c—4.718e)]

"神是万物的尺度。"这句话所包含的真理远远胜过他们所说的"人是万物的尺度"①。有节制的人是神的朋友,因为这样的人像神;神不喜欢我们中间无节制的人,因为这样的人与神相异,是神的敌人;同样的推论也适用于其他邪恶。

好人向众神献祭、祈祷、奉献,与神为伴,这是他能遵循的最优秀、最高尚的方式;这是适宜他的品性的行为,是他获取幸福生活的最有效的办法。好人的灵魂是洁净的,而坏人的灵魂是污染的,从不洁净的手中接受礼物对好人和神来说都是错误的,这就意味着不虔诚的人做这些事情是徒劳的,而虔诚的人这样做是合情合理的。

法律本身将解释我们对孩子、亲戚、朋友、同胞、公民应当承担的义务,法律将告诉我们应当以什么样的方式去对待各种不同的人。法律的方法一部分是说服,另一部分是对那些不听劝告的人的强制和惩罚;带着众神良好的愿望,这些方法将使我们的城邦幸福和繁荣昌盛。

[法律要清晰明白,法律需要序言(4.719a—4.724b)]

世人普遍相信,诗人坐在缪斯的三足祭坛前面的时候,无法控制他的思绪,就像一眼清泉,不停地冒出清澈的泉水。但

———————

① 这是智者普罗泰戈拉的观点。

对立法者来说,这种情况是不可能的。他一定不能就相同的主题表达两种不同的意见。

争论法律条文的冗长和简洁没有什么意义;我们应当看重的是它的质量,而不是极端的简洁或冗长。立法实际上有两种工具可用,这就是说服与强迫,如果民众缺乏教育,那就可以同时使用这两种方法。立法者在法典开头应当有一段序言,说一些鼓励或者说服的话。对每一种事物的讨论和口头表达都有它的前奏和预备性的内容,可以说这些预备性的内容为将要进行的研究提供了一种有用的、方法上的序曲。所有法律都有它们序言,立法的第一项工作必须给法典的每个组成部分的文本撰写序言,并加上恰当的介绍,因为它要发布的公告是重要的,这些话要能被人们清楚地记得。

一个人应当在多大范围内尽力关注或放松他的灵魂、他的身体和他的财产? 这是一个恰当的论题,对讲话人和听众都有好处,通过思考可以在他们力所能及的范围内完善他们的教育。所以,这就是我们下面要解释和聆听的论题。

第五节　原文第五卷(5.726a—5.747e)

[个人应当承担的义务(5.726a—5.730b)]

在人拥有的一切事物中灵魂是最神圣的。灵魂和身体这两种要素构成一个完整的人。灵魂比较强大,比较优秀,以主人的身份行事;身体比较弱小,比较低劣,以奴隶的身份行事。所以,必须敬重人身上的那个主人,而非偏爱人身上的那个奴隶。众神是人类的主人,在荣耀了众神和精灵之后,人必须荣耀自己的灵魂。

无论是谁,若不能在任何条件下远离低劣和邪恶,反而竭尽全力去做那些与善良和美好相反的事情,那么他就不知道自己正在愚蠢地积累对他自己的灵魂的羞辱和伤害。荣耀就是那些较差的事物在可资改进的地方有了改善,趋向于优秀,成为完善的。在自然赋予人的所有事物中,没有什么比人的灵魂能更好地使人回避邪恶,不断地行进在趋向于至善的道路上。一旦得到至善,他就会在余生与之亲密地生活在一起。由于这些原因,第一位的荣耀应当归于众神,第二位的荣耀要赋予灵魂,第三位的荣耀要给予身体。我们需要公正地考察一个人与其父母、自身、财产、城邦、朋友、亲人、外人、同胞之间的关系。

[四主德及其主导的生活(5.730b—5.734d)]

现在谈论的不是法律的效果,而是如何通过表扬和批评使人对法律具有较好的、愿意接受法律矫正的态度。

荣耀归于自己不作恶且能使别人也不作恶的人。这样的人配得上双重荣耀,乃至于更高的荣耀。同样的赞扬也应当给予自我节制和智慧,给予其他美德,这些美德的拥有者可以用这些美德与其他人交流,也可以在他自己身上展现。我们要把最高等级的荣耀赋予那些传播这些美德的人;缺乏传播这些美德的能力,但打算这样做的人,必须列入第二等级。

每个人都应当把他高昂的激情与极端的仁慈结合起来,因为要躲避他人所施予的残酷暴行几乎不可能,唯一的办法就是勇敢地面对,抵抗对方,没有仁慈的灵魂就不可能有这样的行为。有些罪人的过失尚可弥补,但必须肯定没有一个罪人可以用弥补的方式获得拯救。因为没有人会故意接受最大的恶,至少不会在他最珍贵的财产中接受这种恶。

　　每个人最珍贵的财产就是他的灵魂,所以可以肯定没有人会故意在这种最珍贵的东西中接受最大的恶,并终生与恶相伴。尽管恶人或作恶者总是可悲的,但他的疾病尚可治愈,在他身上总有可怜悯之处。与恶人在一起,要治疗和驯服他的欲望,但不要像一名泼妇那样对他训斥,为了挽救那些无节制的、不思悔改的冒犯者和完全腐败的人,必须约束我们的怒火。

　　内在于大多数人灵魂中的最严重的邪恶,就是宽恕自己,强烈地依赖自我,这实际上是我们每个人的各种恶行的永久源泉。真正可以算得上是伟大的人,既不关注自我,也不在意自己的附属物,而是关注正义。每个人必须努力避免极端的自恋,要步步紧跟比自己好的人,决不要认为这样做是一种耻辱。

　　必须避免不合理的大笑和流泪,每个人参加典礼时,都必须敦促同伴们隐藏过分的快乐或悲伤,无论在某个环境中遇到的是极大的幸运还是困难重重。陷于不幸时,应当抱着长久的希望,相信依靠神的恩赐可以解决我们碰到的麻烦,相信我们的处境在上苍的青睐下会变得比较好。我们每个人都应当生活在希望中,在工作中不畏艰难,使这些希望成为我们的邻居和我们自己的充满自信的回忆。

　　人的本性牵扯着快乐、痛苦和欲望。因此,必须赞扬最高尚的生活:自我节制的生活、智慧的生活、勇敢的生活、健康的生活。与这些生活相对,还有另外四种生活:放荡的生活、愚蠢的生活、胆怯的生活、病态的生活。许多人生活无节制,其原因总是无知或缺乏自制,或同时具备这两个原因。对于病态的生活与健康的生活我们也必须说同样的话,两种生活都既有快乐又有痛苦,但在健康的生活中快乐压倒痛苦,在病态的生活中痛苦压倒快乐。与放荡的生活相比,有节制的生活以较少的数量、较小的范围、较弱的强度保持快乐与痛苦的展现,与愚蠢的生活相比,聪明的生活也是这样,与胆怯的生活相比,勇敢的生活也是这样。在这些两两成对的不同生活中,快乐在一种生活中具有优势,痛苦在另一种生活中具有优势,勇敢的生活战胜胆怯的生活,聪明的生活战胜愚蠢的生活,由此带来的结果就是,节制的、勇敢的、聪明的、健康的生活比胆怯的、愚蠢的、放荡的、病态的生活更快乐。

[政治体制(5.734e—5.738e)]

以上对法律作了序言式的解释,下面制定一个法律和政治体制的纲要。

建立一种体制要做两件事:一是把职务授予个人;另一是给官员提供一部法典。在做这些事情之前,立法者要净化城邦。净化城邦有许多种方法,有些比较温和,有些比较激烈。但若一名创建新城邦和新法律而又较少拥有独裁权力的立法者能够用最温和的方法来达到净化的目的,那么他会很满意。最好的办法就像最有效力的苦药,通过正义与惩罚的结合来达到矫正的效果,而这种惩罚最严厉的就是死刑或流放,通常用来清除城邦中最危险的成员,那些重大的罪犯,无可救药的冒犯者。

派遣殖民是比较温和的净化方法。有些人由于缺乏生存手段而准备追随他们的领袖,参加杀富济贫的战斗,立法者把这种人视为国家的大患,会尽量把他们送往国外,这一过程就叫"殖民"。每个立法者都肯定会使用这种方法。从理论上说他可以完成对公民的招募,并保持殖民团队的纯洁性。有些坏人想要成为新殖民城邦的成员,我们可以阻止他们的到来;而对那些想来的好人,我们要表示衷心的欢迎。

我们交了好运,在创建殖民地时既没有没收财产的残酷斗争,又没有废除债务、重新分配财产的问题。在一个古老的、已经建立起来的城邦中,如果需要创立新法,那么革新者和守旧者都会以某种方式证明这样做实际上是不可能的,剩下来可以做的事情只是抱着虔诚的意愿对已有法律的某些方面做缓慢地、小心翼翼地修正。总会有一些改革者拥有大量地产和大量负债,如果不免除债务和重新分配财产,负债人就不可能以一种自由精神享有他们的权益,因此改革者希望他们获得适度的财产,确信贫困的产生更多地在于人们的贪婪,而不在于个人财产的减少。这样的信念确实是城邦安全最稳定的根源,使人们保持这样的信念是建立一切政治制度的最稳固的基础。如果这些最初的条件不具备,那么政治家后续的行为总是困难重重。

必须把实施正义与摆脱贪婪结合起来,在这种结合中寻找我们避免这种危险的方法。除此之外,没有其他或大或小的道路可以获得拯救,这一原则必须视为城邦的一项支柱。事实上,必须用某些制度来规定财产,其中包括不得反诉财产的主人,否则的话,任何有理智的人只要有可能就会拒绝接受这种人们在其中长期相互妒忌的城邦体制。

必须确定一个适当的公民总数;必须就如何分配达成一致意见,每人应当得到多大份额,应该得到多少土地和房屋;等等。通过考察领地和邻邦,可以把这些要点确定下来,然后可以用提纲或轮廓的形式完成我们的法典。

[立法者关注城邦的美德和幸福(5.739a—5.744a)]

制定法律的要点,是让公民极为幸福地生活在最大的友谊之中,相互忠诚。若公民在法律中有许多争讼,那就不会相互信赖了,还会犯下无数的过错。城邦一定不要金银,也不要用手工技艺谋利,不能有高利贷,也不能容忍利欲熏心的小人,而只允许有限度的农耕,人们不能用它来谋利,以至于忘了拥有财产的目的。拥有财产是为了灵魂和身体的存在,没有身体的训练和自由的教育,财产也就没有任何意义。在我们所推崇的事物序列中,财产所居的地位应当最低,因为人的普遍利益以三样东西为目标:正当地追求和获得财产是第三位的,最低的;身体的好处是第二位的;灵魂的好处是第一位的。对体制来说也一样,如果按照上述原则来规定荣誉,那么就可以正确制定国家的法律,但若有任何法律使公众对健康的推崇高于智慧,或者对财富的推崇高于健康和智慧,那么可以认为这些法律的制定是错误的。

[城市的规划(5.744b—5.747e)]

立法者要尽可能准确地为城市选址,作为整个国家的中心,所选位置要有利于城市生活的方方面面。首先要确定一块供奉赫斯提、宙斯和雅典娜①的圣地,称之为"卫城",放在城市中间;然后把这座城市划分为十二个区,以卫城为中心,画出十二条放射线,把整个国家划分为十二个部分。

立法者也必须把所有人口划分为十二个部分,使每个部

————————

① 赫斯提是希腊神话中的灶神,宙斯是希腊神话中的天神,雅典娜是雅典城邦的保护神。

分的总财产大体相当,并对此做详细记录。然后,他要努力给这十二个部分指定十二位神,以神的名字为这十二个部分命名,如此确定下来并神圣化的人群就称作部落。然后,城市的十二个区也必须按照划分整个国土的相同方法进行,每个公民要有两所房子,一所靠近城邦的中心,一所靠近边境。创建这个城邦的工作到此结束。

第六节　原文第六卷(6.751a—6.785b)

[行政立法,法律护卫者(6.751a—6.755b)]

下一项工作是为这个城邦任命官员。首先要设立职位,决定适当的职数和任用方法。然后制定与每个职位相关的具体法规,决定在各种情况下哪些法规是适用的。没有人会从一开始就轻易接受这些法规,因此要耐心等候,直到那些适合担任公职的人出现,他们从小就已经品尝到担任公职的滋味,并准备长大以后在这个委员会中发挥自己的作用。

从投票选举执政官开始,一直到任命所有官员。以这样的方式进行选举将产生一种介于君主制与民主制之间的体制,一种合理的制度。平等有两种:一种平等是数量和尺度的平等,任何城邦和立法者都可以用抽签的方法简单地规定各种奖励,但是真正的、最优秀的平等很难用这种方法获得。必须以这种平等为目标,在建设新城邦时一定要注意这种平等。

不是着眼于少数独裁者或某个独裁者的利益,也不是着眼于富人对城邦的主宰,而是着眼于正义去消除各种各样的不平等,这种正义在我们刚才的解释中就是一种真正的平等。城邦作为一个整体,为了避免它的各个组成部分之间的分裂,在使用这些标准时毕竟也要做某些限制。平等和放纵总是在违反一种绝对完善的正义的统治。就是由于这个原因，必须使用某些抽签的平等来避免民众的不满，尽管人们用这种办法处理最正义的事情时应当祈求神的保佑和好运的指点。

必须让所有人坚信，无论是谁，若不首先当好一名仆人，就不能成为一名可信赖的主人，要想成功地履行公务，首先要侍奉法律，因为侍奉法律就是侍奉上苍，就不能自傲；在侍奉法律之后尊敬长者是年轻人的光荣。

[立法与城邦的生活目标(6.768e—6.772d)]

立法者总是想尽力制定一套接近绝对完善的法律。然后随着这些法律的付诸实施，接受时间的考验。不会有立法者如此粗心，竟然忘了法律必定有一些缺陷，要有某些后继者来修补它们，以此确保由他建立起来的城邦体制可以逐步改善而不会衰退。

城邦的生活目标应当是善，是与人类相应的精神上的美德。我们必须竭尽全力终身追求这个目标。没有人应当喜欢或看重其他事物，如果城邦容忍奴隶制的束缚，俯首听命于卑劣者的统治，或者任由卑劣者来摧毁城邦，那么我们不得不忍受所有这些艰辛，而不会允许使人变得卑劣的政治体制变革。

[奴隶制问题(6.776b—6.778a)]

拉栖代蒙的希洛人①制度是整个希腊世界最令人困惑的

————————

① 希洛人，被斯巴达人征服的麦西尼亚人，音译"黑劳士"。他们是斯巴达的国有奴隶，不属于奴隶主个人，而属于奴隶主全体。他们平时被束缚在土地上从事农业劳动，战时被征为轻铠兵，担任军中杂役和运输工作。

问题。我们对奴隶应该采取什么政策？我的想法是，我们应当拥有最优秀的、最可靠的奴隶，他们能够始终保护主人的生命、财产和家庭。经常有奴隶比我们自己的兄弟或儿子还要优秀。但是，也有人说奴隶的灵魂是腐败的，聪明人决不能相信所有奴隶。有些人不相信作为一个阶层的奴隶，把他们当作动物来对待，鞭笞他们。

人这种动物是变化无常的，可以把人明确地分为奴隶和作为自由人的奴隶主。只有两个对待奴隶的方法：一是不让那些安分守己的、驯服的奴隶聚在一起，也尽可能不要让他们全都讲一种语言；二是恰当地对待他们，为他们多做些考虑，这样做确实是为了他们，但更多地仍旧是为我们自己。不对处在这种地位上的人使用暴力是恰当的，在加害他们时更要踌躇再三。这样说并不是在奴隶该受惩罚时也不惩罚他们，也不是娇纵他们。对奴仆使用的语言应当是简洁的命令，而不应当是男女之间使用的那些熟悉的开玩笑的话。娇宠奴隶马上会使双方的关系变得难受，对顺从的奴隶来说是这样，对下命令的主人来说也是这样。

[城市建设规划(6.778a—6.779d)]

这座城市实际上是新建的，原先没有居民，所以必须关注它的建筑细节，也不要忘了神庙和城墙。神庙应当建在城市中心，周边由市场围绕，神庙应当建在高地上，便于防卫和清洁卫生。建在神庙附近的应当是执政官的衙门和法庭。这是一块神圣的高地，涉及庄严的宗教问题，令人敬畏的神庙就在附近，这里也涉及法律事务，接受诉讼和进行判决。审理谋杀或其他重罪的法庭就设在这些建筑物里。

如果必须要有城墙，那么应当从一开始就把住处建成一道墙，把整个城市的房屋连成一道连续不断的墙，在每一所房子里都可以防守。这样的城市就像一所巨大的房屋，也不会很难看，易于防守的特点给它带来无限的好处，在安全方面胜过其他任何城市。维护这些最初的建筑首先应当是拥有者的责任，而市政官员应当担负起监督的责任，对维护不善者处以罚款。市政官的责任还包括维护城市清洁卫生，禁止私人乱建乱挖。他们也要负责市区雨水的排泄，还要为城里城外的住宅制定建筑规则。法律不可能处理城市生活的所有方面，有许多细节只好省略，执法官可以按照他们的实际经验发布补充性的法规。

[制度与法律(6.779d—6.783a)]

有人建议给城邦提供一套关于公共行为和共同生活的法律，然而却又在这些法律对私人事务形成压力的时候，认为这些法律是肤浅的，想要规范一切是不恰当的，个人的私生活应当享有自由，可以按照自己的意愿为所欲为。这样想，他就大错特错了。因为他一方面认为个人行为不受法律控制，而另一方面又骄傲地认为他的公民准备依据法律来指导他们的相互关系和公共行为。

公餐制在克里特出现时，这种制度曾经引起人们的惊讶，但在战争时期，对于处在极度危险之中的某些小团体来说，这种制度是必要的。这种做法对于国家安全有很重要的作用。公餐制实际上成为一种习俗。公餐制是一种值得敬佩的制度，有着神奇的起源，但你们的法律没有规定妇女的地位，在你们国家里看不到任何妇女公餐的遗迹，这是一个巨大的错误。最好能从国家的善着眼,把这个问题提交修改和矫正,设计一套同时适用于两种性别的制度。

习俗是法律的源头。有无数各种各样的国家在全世界兴起和灭亡,也有各种各样合理的和不合理的制度,以及各种各样的饮食习惯和气候变化。现今仍有许多民族残存着人祭的习俗。而在别的一些地方,盛行着相反的习俗,有些民族连牛肉都不吃,献祭也不用动物作牺牲。人的一切行为都由三种需要和欲望来驱使:食欲、喝水的欲望、性欲。如果一个人受过正确的教育,那么这些本能会引导他走向美德,如果他受的教育不好,则会终结于另一个极端。必须把这三种不健康的欲望从追求所谓的快乐转向追求美德,必须试着用恐惧、法律、正确的论证这三种最强大的力量来检查和制裁它们。

[为生育立法(6.783b—6.785b)]

婚姻之后需要谈论的论题就是生孩子。对结了婚的夫妇,要指导他们生儿育女的方式方法。新娘和新郎都要尽力为城邦生育最优秀的后代。要任命妇女监理来对他们进行监督。一对夫妇多产多育,他们的生育期是十年,但不能再长;如果一对夫妇在这个时期结束时仍无子嗣,那么就要由这个管理妇女的委员会与夫妇双方的亲属共同商议,安排兼顾双方利益的分居。

人的第一年是他整个"生命的开端",应当在宗族的神庙中注册。对每个支族的男孩或女孩来说,还必须要有进一步的记录,记在一堵刻有执政官年号的白墙上,我们的纪年是用执政官的名字命名的。旁边还必须要有这个支族的成员名单,死者的名字被删去,由此可以看出每天还有多少人活着。

对女孩来说,结婚的年龄是从十六岁到二十岁,而男子的结婚年龄是从三十岁到三十五岁。担任公职的最低年龄限制,妇女四十岁,男子三十岁。服兵役的年龄规定,男子是从二十岁到六十岁,女子是在生育子女之后,在需要并适宜的情况下服役,年龄不超过五十岁。

第七节　原文第七卷(7.788a—7.824c)

[儿童教育(7.788a—7.793d)]

正确的教育能使灵魂和身体尽可能地完善和卓越。要对婴儿实行胎教。当它们还在母腹中时就应当接受锻炼。孕妇应当多走路,孩子出生以后要塑造婴儿的身体,就像制作蜡像,要趁蜡还柔软的时候进行,头两年要用襁褓包裹婴儿;保姆不得把婴儿带往乡间、神庙、亲戚家,直到孩子可以自己站立为止;哪怕到了这种时候,保姆也要坚持抱孩子,不宜过早让孩子独立行走,以免让孩子的肢体受到伤害;保姆应当尽可能强壮,保姆的人数要充足,违反这些规定的人要受到处罚。

鼓励儿童养成温和的脾气,将会在道德品质的养成中起主导作用,而暴躁的脾气则会促使邪恶的产生。娇宠儿童会使他们的脾气变得暴躁、乖戾,有一点儿小事就闹别扭,但若用相反的态度,非常严厉地对待他们,则会使他们没精打采、低三下四,不与他人交往,不愿参与公共生活。

正确的生活道路既不是追求快乐,也不是无限地避免痛苦,而是要达到一种中间状态。像神一样的人肯定不会不顾一切地追求快乐,也不会忘记自己要经历一份痛苦。必须避免无节制的快乐生活,在所有事情上走中庸之道。

传统既不是制定出来的法律,也不是毫无规范的东西。它是体制的榫眼,是连接各种成文法规的通道,通过不成文法以及那些有待记载的规定,真正的源于祖先的传统得以保存。这些规定是正确的,并在实践中为人们所遵循。它们可以起到盾牌的作用,保护迄今为止已经成文的所有法规,但若不成文法背离了正确的界限,那么整个情况就好比撤去了支柱和挖去了基础的房屋。凡是可以称作法律、风俗或习惯的事情,无论大小,都不可掉以轻心,因为它们全都是城邦的铆钉,少了它,其他东西就不能永久长存。宏大的立法要靠无数琐碎的传统和风俗习惯来使之壮大。

[儿童的教育和游戏(7.793d—7.798d)]

对三岁至六岁的儿童来说,玩耍是必要的。自然本身在儿童的这个年龄就会告诉他们有哪些游戏可玩,他们只要待在一起,自己就会发明游戏。所有三岁至六岁的儿童要在所在区域的圣地里集中,由保姆注意他们的行为是否得体,而保姆在这一年中必须接受由执法官任命的妇女总管的控制。总管的年龄必须与监督婚姻的妇女相仿。接受任命的总管每天要去圣地一次,处罚任何冒犯者。如果冒犯者是奴隶或外邦人,那么就由某些公仆来执行,如果有公民对处罚的正当性提出争议,那么女主管就要把他带到乡村巡视员的法庭上去裁决;如果没有争议,那么女主管可以行使自己的权威,甚至对公民实施处罚。

男女儿童满六岁以后就要分开,男孩与男孩在一起,女孩与女孩在一起,分别学习他们自己的课程,男孩要学习骑马、射箭、投掷,女孩如果高兴的话也可以学,但最重要的是学习使用长枪和盾牌。出于实用的目的,对儿童的教育可以分成两类:一类是体育,与身体有关;另一类是音乐,与心灵的卓越有关。体育又可分为两个部门:舞蹈和摔跤。一部分舞蹈是表演诗人的灵性作品,要注意的是保持尊严和体面;另一部分舞蹈旨在身体的健美和高贵,确保身体的柔韧和肢体的强健,使肢体能够优雅地运动,优雅伴随着各种形式的舞蹈产生,又渗透在各种舞蹈中。

儿童游戏会影响立法,乃至于决定法律能否生存。如果控制儿童游戏的方式,保证儿童总是以相同的方式做同样的游戏,从同样的玩具中得到快乐,那么成年人生活中的习俗也应当和平地保存而不更改。由于儿童的嗜好是无限多样的,不断波动的,因此儿童游戏总会有新的变化和新的花样。如果不规定儿童的游戏类型,不依据游戏的情况或所使用的玩具来确定判断游戏好坏的标准,那么发明和引进新游戏的人就会受到特别的尊敬。这些人可以称作城邦的害人虫。这样的人在你们背后不断地改变年轻人的性格,唆使他们藐视古老的习俗,崇拜新颖的东西。

人们全都以为儿童玩耍中的新花样只是一种游戏,而不把它看作一种最严重的罪恶的源泉。人们并不想方设法去阻止这种改变,而是一边抱怨,一边听之任之。他们从来没有想到,这些玩新花样的儿童将来一定不可避免地会成为与从前时代不同的人,儿童身上的变化会诱使他们去寻求一种不同的生活方式,追求一套不同的体制与法律。没有人会想到由此带来的严重后果,因此这是共同体的最大不幸。

[针对诗人的法律(7.798d—7.804b)]

诗人不得创作与社会正义、善、美的传统观念相冲突的作品,不得在作品送审并得到批准之前就随意向他人展示。要任命艺术总监和教育总监负责审查他们的作品。

节奏和音乐是一种再现,用来表达较好的和较差的人的气质。必须使用各种手段防止儿童在舞蹈和唱歌中创造异样模式的欲望,也要防范有人引诱儿童去寻求各种刺激。要把所有的舞蹈和音乐神圣化。除了经典的公共乐曲、圣乐、青年歌舞队的歌曲和舞蹈以外,不能有其他歌曲和舞蹈。唱歌要使用吉祥的语言,要向众神献上祈祷,诗人应将祈祷视为向众神提出请求,要十分谨慎,不要漫不经心,乃至于心里明明想的是祈福,却发出诅咒的声音。赞颂众神并向众神祈祷以荣耀众神是恰当的。在众神之后,可以赞颂精灵和英雄,也可以恰当地分别向他们祈祷。凭借身体和人格的力量,取得显著成就,赢得巨大声誉的已逝的公民,以及终生服从法律的公民,应当被视为颂扬的恰当对象。

关于唱歌和跳舞应当作出下列安排。较早时代的音乐在古代诗歌中有非常丰富的内容,古代的形体舞蹈也有很丰富的内容,从中可以非常自由地选择与正在建构的这个城邦相适应的东西。应当任命一些不小于五十岁的人来选择,由他们决定哪些令人满意的古诗可以接受,而那些被认为有缺陷的或完全不适用的诗歌,有些可以完全排除,有些则可以按照专家们的建议做某些修改。

[体操和马术(7.804c—7.806d)]

要在城市中心的三群建筑物里安排公共体育馆和公共学

校;城郊的三个地方也有训练场地,有开阔的骑马场,有练习弓箭和标枪的场地,年轻人在这里可以学习和练习这些技艺。

在这些科目中要雇用外国教师,让学生能够学到完整的军事和文化课程。如果孩子们的父亲相当任性,那就不要允许这些孩子上学;如谚语所说,教育对每个男人和男孩都是强制性的,因为他们首先属于国家,其次属于他们的父母。这条法律同样也适用于女孩。女孩也必须接受和男孩一样的训练,无论是骑马还是那些适宜男子的体育项目。

[日常休闲生活(7.806d—7.818d)]

要保障供给城邦公民的生活必需品,而让其他人从事那些需要技艺的工作。公民们可以把农庄托付给奴隶耕种,奴隶用丰富的出产供给他们,让他们过上舒服的生活。在这样有闲暇的环境里,公民们仍旧有某种工作要去完成。这些工作决不是微不足道的、卑贱的,而是迫切需要的。把生命献给德尔斐或奥林匹亚,①这样的生活会使人们非常忙碌,不会给他们留下空闲;从事身体锻炼和道德修养至少会使人双倍忙碌。一定不要让那些不重要的日常事务妨碍他们进食和锻炼,阻碍他们精神和道德的修养。

[科学与教育法规(7.818e—7.824b)]

有三门相互关联的学科:第一,数学,计算和研究;第二,几何,测量线段、平面、立体;第三,天文学,研究天体的轨道运

---

① 德尔斐是古希腊宗教圣地,奥林匹亚是古希腊人举行体育竞技赛会的地方。

动及其相互关系。一般的公众不可能详尽地学习这些课程的每一个细节,只有少数挑选出来的人进行这样的学习。

自由民应当学习各种课程,就好像在埃及一样,那里有许多孩子要学习字母。埃及人为那些最特别的儿童设计了一些数字游戏,一边学一边获得许多乐趣,比如一开始让他们分配固定数量的苹果或花环,分给若干人。以这样的方式,如我所说,他们把数学的基本运用融入儿童游戏,给学生们提供了一种有用的预备性练习,使他们能够进一步学习军事生活中的战斗部署、行进运动,以及进一步学习管理内部事务,使他们更加机敏,并且能够以各种方式更好地从事这些工作。然后,他们练习测量长度、面积和体积,以此消除他们的天真无知。几何也是年轻人必须学习的课程。学习这些课程确实并不危险,也不困难。如果通过娱乐的方式学习这些课程,那么不仅不会给我们的城邦带来伤害,反而会带来好处。要坚持让我们的公民和年轻人学习天文学,他们必须对天空中的神明的所有事实有充分了解,以免亵渎它们。要确保我们所有的献祭和祈祷用语具有敬畏的虔诚。天文学这门课,当然不是一门很轻松的课程,然而也不是极端困难的,学习这门课程并不需要花费大量的时间。

立法者要着眼于年轻人的训练和运动,推荐某些狩猎方式,谴责其他的狩猎方式,而年轻人必须接受这些建议。希望快乐或害怕艰苦都不应该影响他们服从这些建议,他们不是由于害怕受到法律的惩罚才服从这些建议,而是对这些建议有着比较深刻的敬意,当作一种义务来服从。法律当然可以对不同狩猎形式提出推荐和禁止,那些有助于改善年轻人灵魂的狩猎形式要给予推荐,那些起着相反作用的形式要加以禁止。我们的教育法规到此终于完成。

第八节 原文第八卷（8.828a—8.850c）

［祭祀（8.828a—8.832d）］

要在德尔斐神谕的帮助下，制定有关节日的历法，赋予它法律的权威，确定庆祝什么节日和举行什么献祭才是对国家有益的和有利的，决定把这些祭祀献给哪些神祇。

祭祀的次数不得少于三百六十五次，每次都至少要有一位执政官代表国家参加献祭，确保从事祭祀工作的人和财物不受侵犯。由研究宗教法规的人、男女祭司、先知组成的委员会要先与执法官见面，以明确立法者不可避免地会有所省略的细节，该委员会也要确定如何补充这种省略。

法律将为十二位神祇规定十二个节日，不同的部落就是以这些神祇的名字命名的，要向这些神祇中的每一位献祭一个月，与此相关的还有歌舞与竞赛，有音乐方面的竞赛，也有体育方面的竞赛，这些活动要适合受祭神灵的特点和节日所处的季节，只允许妇女参加的庆祝活动与那些没有必要这样做的庆祝活动要区分开来。要把神祇分别称作天神与冥神，对冥府众神及其随从的献祭与对天神的献祭一定不要混淆。举行献祭时也必须举行一系列高尚的、能够真实再现战争的运动项目。有益于打仗的体育竞赛应当鼓励，胜利者应当奖励，而那些对打仗无用的体育竞赛则可以取消。

［节日（8.832e—8.836e）］

这些节日每两年举行一次，还有一些每四年举行一次。

在节日里举行各种音乐比赛,依次轮番举行,就像各种体育比赛由教育官员担任主席一样,音乐比赛的主席是执法官,由执法官们组成一个专门的委员会负责音乐比赛。他们必须制定相关的法律,确定举行音乐比赛的时间、参赛人与参赛团体。立法者已经解释了需要什么样的音乐作品,包括朗诵和歌曲,伴随着混合的音调、节奏和舞蹈。后继者必须遵循这些规定,给不同的比赛指定适当的祭祀时间,并为来城邦参加庆典的客人提供节目。

[禁欲(8.836e—8.842a)]

干苦活比其他任何事情更容易抑制欲火,在这个新城邦里,男女青年非常健康,不必做那些奴仆的苦活,参加献祭、节庆和歌舞队的唱歌似乎就是他们的全部生活。智慧要求人们克制情欲,努力奉公守法,已经制定了的法规能使大多数情欲得到克制。法律禁止过度富裕,这样做带来的好处非同小可,整个训练过程也同样置于健全的法规之下,有助于人们的节制。此外,执政官的眼睛被训练得能够专注于他想要实现的目标,而年轻一代也能专心致志,不敢有片刻的转移,这样一来,也就在人力所及的范围内约束了大多数情欲。

德性、地位、贫富程度相当的人之间会产生依恋,这种依恋感达到相当强烈的程度时,就可以称之为爱。爱有三种:热爱肉欲和渴求美貌,人会尽力去获得满足,而对自己心灵的奴仆状态不予思考;轻视肉欲,希望得到灵魂与灵魂的依恋,把肉体享受当作无耻的淫荡;注重贞洁、勇敢、伟大、智慧,敬畏与崇拜神,追求一种在身体和灵魂两方面都始终纯洁的生活。法律要禁止前两种爱,保护第三种爱。

法律禁止乱伦。任何人都不得与自己的下一代有公开的或秘密的乱伦关系，或者对他们进行狎昵，让每个人的心里决不要产生诸如此类的念头。这条法律一旦批准，所有人的心灵都会受到制约，人们会对已经建立的法律产生普遍的畏惧，并遵守这些法律。

要用法律把性行为限制在它的自然功能上，要避免对同性产生爱恋，因为这样做实际上是在对这个种族进行谋杀，把生命的种子播在砂石地里白白浪费。在这样的土壤中，生命的种子决不会扎根，也不会长出自然的果实，也要避免与任何女性发生没有实际收获的性行为。

对神的敬畏、对荣誉的向往、对心灵美而非肉体美的渴求。在这三样东西的影响下，人们会遵守法律。任何城邦都会看到这三者的实现就是一种最高的幸福。

对性爱作出一些强制性的规定是可能的。一条规定是，自由民出身的公民除了自己的合法妻子外不得与其他妇女有性关系，播下邪恶的杂种，也不得违反自然与男性有不结果实的肉体关系。如果这条规定不能做到，那么仍旧要彻底阻止男子或女子之间的同性恋关系。除了由上苍批准的神圣婚姻外，如果一名男子有了其他某种性关系，无论是用钱买来的，或是以其他任何形式，那么他的行为一旦被男女公民发现，就可以剥夺他作为一名公民的荣誉，因为他已经证明自己完全是个外乡人。所以，让我们把这些规定当作我们在性和爱问题上的法律，作为衡量情欲激发下产生的各种关系正确与否的标准。

[产业、生产与分配（8.842b—8.850d）]

立法者会把注意力转向制定食物供应方面的法规，会制定一系列农业方面的法规。

在这个城邦里，每一名艺人和工匠都只能有一种技艺。人的能力决不适宜同时从事两种职业或手艺。没有一个人有这样的才华，在自己从事一种手艺的同时还要去监管第二种手艺。因此，没有人可以同时既是铁匠又是木匠，也不能允许一名木匠去监管其他匠人的工作，从而荒废了他自己的技艺，哪怕他借口做一名管事可以挣到更多的钱，他手下那么多雇工可以为他的利益工作。

进出口货物不用纳税。不能进口乳香或其他用于宗教仪式的外国香料，也不能进口本国不生产的紫色颜料或其他染料，更不能进口那些非必需的外国出产的原料。本国生产的生活必需品一定不能出口，必须留在国内。如果出于军事目的需要进口某种植物、矿物、制作战袍的衣料、动物，那么应当由骑兵指挥官和将军们来控制这样的进出口，由国家来担任卖方和买方，立法官要对此制定恰当而又充分的法规。在我们的国境内或在我们的公民间，不能零售这些东西，也不能为了赢利而进行这些物资的买卖。

在供应和分配生活必需品时，所有人都必须把土地的总收入分为十二份。这些产品的每十二分之一必须恰当地再分为三份，一份归自由民，另一份归他们的奴仆，第三份归工匠和其他不是公民的人。无论是永久居民所需要的生活必需品，还是因公或因私来到我国的临时访问者所需要的生活必需品，第三份生活必需品是唯一要强制送往市场出售的产品，而其他两份产品则没有这种强制性。每个公民将得到其产品的三分之二，并负责将它们分配给家中的奴仆和自由民。

市场专员负责管理市场。他们首先要注意那些法律规定要出售给外国人的生活必需品是否有货可供。这些产品由公民们指定一些外邦人或奴隶生产，法律要求在开市的第一个月就有足够的供应，每个月提供谷物的十二分之一，外国人要能在开市后买到够吃一个月的粮食以及其他必需品。到了第十个月，买卖双方要能分别提供和购买充足的饮料，够一个月饮用。在第二十个月，会有第三次集市进行畜产品买卖，要有充足的货物满足买方的需要，农夫生产的其他用于出售的产品也在这时候出售，外国人只能通过购买来获得这些东西，例如皮革、纺织品、毡制品，等等。人们需要的其他物品都可以放到一个总市场上来买卖，每种商品集中在一个恰当的地方，方便运输，由市场官员和城防官员对其作适当的隔拦。这种贸易完全是真正的钱货交易，以钱购货和售货换钱，买卖双方都要有等价交换的凭据。

[归化（8.850a—d）]

外国人愿意的话可以成为这个国家的居民，只要他们能满足某些特殊的条件。对那些愿意并能够与我们一道生活的外国人，要为他们提供一个家，但他必须要有一门技艺。他的居住期从他登记那天算起最多不得超过二十年。作为一名外国人他不必缴纳所得税，他从事的生意也不必交税，只要他品行端正。居住期一满，他就应当带上他的财产离开。

他在居留期间要是为这个国家提供了某些重要的服务而变得非常出名，那么他可以提出继续居留的申请，并要能说服议事会和公民大会，如果他运气好，甚至可以得到终生居留的许可。这种外国人的子女若是已经有了一门手艺并已达到十五岁也可以居留，但他们的居住期要从他们十五岁开始算起。

他们的居住期若是满了二十年还想继续居留,他们也一定要按照我们讲过的条件取得许可。一名外国人离开这个国家时,执政官那里原先的登记要注销。

第九节　原文第九卷(9. 853a—9. 882c)

[重罪的惩罚和判决(9. 853a—9. 857d)]

下面开始探讨犯罪、惩罚和判决。我们要说明犯下一种过失必须接受什么样的惩罚,要在什么样的法庭接受审判。

从一个角度看,制定这样的法规是耻辱,因为我们希望这个城邦拥有各种优点,能够很好地实践美德。假定在这个城邦中出生的人会被其他城邦的腐败所玷污,因此我们需要设置并执行这种威慑性的法规,对他们进行警告,并惩罚那些有可能出现的坏人。

首先要对反盗窃神庙的法律做一些解释。抢劫或盗窃神庙是重罪。判处死刑对罪犯来说是最轻的处罚。他的尸体要埋到国境以外,没有人会给他送葬。不过,他的孩子和家庭如果弃绝这位父亲的道路,勇敢地弃恶从善,那么他们仍旧能够得到荣誉和好名声,就像其他行为端正的人一样。对重罪的惩罚将是死刑、监禁、鞭笞、罚站、捆绑在圣地前面示众和罚款。涉及生死的重大案件应当由法官会同执法官一起审判。按照程序对罪犯提起诉讼,发出传票,完成其他一些类似的细节。

叛国罪也是重罪。无论谁试图把法律和国家置于党派控制之下,使之服从个人的支配,并进一步为了实现这些目的而用革命的暴力挑起剧烈的内战,那么这种人一定要被当作整个国家不共戴天的敌人。担任高级职位的公民,即使他本人没有参与这样的叛乱,但若忽视为他的国家向这种叛乱者复仇,无论他有没有发现叛乱者,或是发现了叛乱者,但由于怯懦而没有采取坚决的措施,那么其他公民一定会把这种人看作罪人,只是比叛乱者的罪略微轻一些罢了。任何高尚的人,无论其地位多么卑微,都必须向执政官告发叛乱,把叛乱者送上法庭,指控他们造反和使用不合法的暴力。审判这类案子的法官与审判宗教事务的法官相同,审判程序也相同,判处死刑要由法官投票决定。

这些法官还要审判第三类案件,这就是与敌人进行贸易的案子。法律会以同样的方式保留他们子女的居住权,或者把祖孙三代全部驱逐出境。这种处罚同时适用于三种人:交通敌国的罪犯、盗窃神庙的罪犯、用暴力推翻国家的罪犯。

[过错的根源(9.857c—9.874c)]

必须制定一部法典。这部法典要区分故意犯罪和非故意犯罪,故意的犯罪要受到较重的惩罚,而非故意的犯罪所受的惩罚较轻。从来没有一条清楚的界线来划分故意和非故意这两种类型的犯罪,而每一位立法者都承认二者之间的区别,一切法律也都认为二者有区别。在立法前,必须说明这些案件是有区别的、不同的,这样才能针对两种类型的犯罪制定相应的处罚,适当地进行处罚。

立法者必须提出的一个问题是,有益或有害行为的行为者是否以一种公正的精神和方式在行事。他必须记住两点:"过错"已经犯下,"伤害"已经造成。他必须用法律尽力使这些破坏得以恢复,使迷失得以重现,使毁坏得以重建,用健全的东西取代残缺的或受伤的东西。他的目的必须是通过立法使各种伤害的行为者和受害者达到心灵上的和解，通过一种补偿使他们之间的对立转变成友好。

法律将遵循这条路线对过失者进行教育和约束，无论过错大小，使他不再冒险重复这种错误行为，或者少犯过错。此外，他必须对伤害作出弥补。因此，我们要通过行为和言辞使人快乐或痛苦，给人荣誉或耻辱，使人痛恨不平等、热爱公正，默认公正的境界。只有这样做，法律才是一种有效的、完善的法律。

欲望、快乐、无知是错误行为的三个源泉。立法者会把无知分成两类：纯粹的无知和单纯，并认为无知是一种可以得到宽恕的过失的原因。然而，人的愚蠢情况更加复杂，它意味着愚蠢者不仅只受无知之苦，而且也受他本人的智力的欺骗，设定他自己知道所有他其实并不知道的事情。当这样的无知伴随着出众的能力或权力，立法者会视之为一种滔天大罪的源泉；但若这种无知伴随着无能，是由于行为者的幼稚或老年痴呆而犯下的过错，那么立法者会把它当作一种过失来处理，他会制定法规来处罚这种人，但相关条款是最温和的，在整部法典中也是最宽容的。

如果至善的信念在灵魂中占上风，支配着人或城邦的行为，即使有不幸的后果产生，但人们的一切作为均依据和服从这样的原则，那么必须把这些行为称作正确的，认定这些行为是为了获得人生的最高的善，由此引起的伤害则通常被称作非自愿的过错。

所谓错误是指灵魂受到欲望、恐惧、快乐或痛苦、妒忌或愚蠢的主宰，而无论有无造成毁灭性的结果。第一类错误以欲望和恐惧为主要源泉。第二类错误的根源在于快乐和愚蠢。第三类错误的根源在于对善缺乏健全的预见和信念。最后一类错误本身又可再分为三类：一类是所有公开使用暴力的行为；另一类是那些隐蔽的、狡诈的争斗；还有一类既包含公开的暴力又包含隐秘的争斗。如果法律有其恰当效力的话，对这种行为的处罚是最严厉的。这样一来就可以看到，错误的种类一共有五种。我们现在针对这五种错误制定法律，而相关的法律共有两大类。有关杀人罪的法规构成我们整部法律的一章。

[法律的作用和适用性(9.874d—9.884c)]

人们为自己制定法律，并且以此规范自己的生活，这是至关重要的；否则的话，他们与最野蛮的野兽无异。制定法律的原因如下：无人拥有充足的天赋，既能察觉对处于社会关系中的人们有益的事情，又能够在实践中最佳地运用这种知识。第一条困难是，真正的政治技艺的恰当对象不是个人的私人利益，而是共善，要明白这一点很难。共同的利益使城邦组合在一起，而个人则是城邦的破坏因素，因此，公共的幸福生活应当优先于私人的幸福生活，这样想既有益于共同体又有益于个人。

第二条困难是，即使有人对这个原则有清楚的认识，视之为科学理论的基本要点，但若他是一个不负责任的独裁君主，那么他决不会忠于他的信念，或竭尽全力努力改善国家的公共利益，他不会以此为首要目的，把个人利益放在第二位。他那意志薄弱的人性总是在引诱他扩大自己的权力，谋求自己的利益，他必然会避苦求乐，把这些东西作为目标置于公正和善良之前,这种源于他自身的盲目必将使他沉沦,使他的国家也和他一道堕落在毁灭的深渊之中。

如果有人在神的怜悯下生来就有能力得到这种认识,那么他不需要法律来统治自己。没有任何法律或法规有权统治真正的知识。让理智成为任何生灵的附属物或仆人是一种罪恶,它的地位是一切事物的统治者,只要理智确实是真正的、自由的。然而,除了某些已经衰退了的遗迹,这种洞见在任何地方都找不到,因此我们只好退而求其次,诉诸法规和法律。

把一切都留给法庭酌情处理,或者完全不由法庭来处理,这两种办法同样是不可能的。在所有案子中,有一件事情确实无法由法庭决定,这就是案子的发生或不发生。而立法者如果不让法庭酌情决定伤害罪的罚款数额或相应的惩罚,而是由他自己来依照法规处理大大小小的案件,这也是不可能的。所以,有些事情必须留给法庭去酌情处理,但不是一切;有些事情必须用法律本身来加以规范。

在一个法庭组织健全,法官们经过许多考试、训练有素的国家里,允许法庭酌情决定大量案子中的处罚是完全适宜的、正确的。当前完全有理由不去制定大量的法规和无数重要的规则,而是让法官依据他们的智慧对那些伤害罪进行审理,决定相应的具体处罚。要把一部附有惩罚实例的法律纲要摆在法官面前,使他们有据可循,使他们不至于逾越正确的尺度。

有些法律似乎是为最诚实的人制定的,如果他们愿意和平善良地生活,那么法律可以教会他们在与他人的交往中所要遵循的准则;法律也有一部分是为那些不接受教诲的人制定的,这些人顽固不化,没有任何办法能使他们摆脱罪恶。面对这些人,立法者被迫执行一些法律,而就其本意而言,他希望这些法律根本就没有制定的必要。假定有人自认为有知识而实际上一无所知,竟然忘记了上苍的愤怒和人们所说的来世报应,嘲笑这些值得敬佩的、普遍流传的说法,乃至于在实际行动中违反这种告诫,对父母和其他长辈动粗,那么就需要对这种人进行威慑和制止。这种最后的惩罚不是死刑,因为死刑尽管比其他任何刑罚更加具有威慑力,但它对这个世界上的罪犯所造成的痛苦并不能在他们的灵魂上产生震慑效果;否则的话,人们就不会听到虐待母亲、殴打长辈一类的事情了。因此,要在今生惩罚这样的罪犯,不亚于在来世惩罚他们。

第十节 原文第十卷(10.884a—10.910d)

[宗教立法、三种信仰(10.884a—10.888d)]

关于暴力案件的法律原则:无人可以拿走他人的物品和家畜,未经业主许可也不能擅自动用邻居的财产,这种行为是上述一切伤害的开端,过去、现在和将来的伤害都是此类行为的结果。年轻人的放荡与蛮横逞凶是最重要的伤害案件,如果被当众冒犯的对象是神圣的,那么这种伤害就是最大的,如果被冒犯的对象不仅是神圣的,而且对某个部落或某些相同的群体来说是公共的,那么这种伤害就尤其巨大。按秩序和程度来说,次一等的伤害是冒犯私人的神龛和坟墓;列在第三位的伤害是已经说过的那些罪行以外的对父母不孝。伤害的第四种形式是偷窃他人财物和家畜,未经别人许可就动用别人的东西,以此表现出对执政官的蔑视;第五部分伤害则是需要作出法律赔偿的那些侵犯公民权利的行为。我们必须提供一部同时适用于各种伤害形式的法律。

我们现在要确定对于使用言语或行动侮辱神灵的人应当给予什么样的惩罚。不过,我们的立法者首先必须向他们提出如下忠告:凡是服从法律而相信神的人,决不会故意作出渎神的行为或发表不法的言论。凡是有这种行为发生,必定出于下列原因之一:要么他们不相信神存在;要么他们相信神存在,但认为神不关心人类的事务;要么他们认为,即使这些神灵关心人事,人们也很容易用牺牲和祈祷来哄骗他们。无神论是犯罪的主因。因此要为宗教立法,各种反宗教的罪行均应加以严惩。

[无神论者(10.888e—10.892a)]

有人认为,一切有生成的事物都会发生变化,要么成为自然的产物,要么成为技艺的产物,要么成为命运的产物。一切伟大而又美好的事物显然都是自然和命运的产物,只有技艺的产物是微不足道的。技艺从自然手中取来已经创造出来的伟大的原始作品,然后对之进行微不足道的改造,我们称这些作品为人造的。

这一派断言众神并无真正的、自然的存在,而只有人造的存在,他们称之为合法的发明,因此不同的地方有不同的神,人们在立法的时候,每个不同的群体发明与自己的习俗相吻合的神。然后他们宣布,真实的和天然可敬的事物是一回事,按习俗可敬的事物是另一回事,至于正义,根本不存在绝对真实和自然的正义,人类不断地就正义问题进行争论,并且改变着对正义的看法,尽管这种存在是人造的和立法的,而非你们所说的那种自然的存在,但每当人们对正义的看法作出某种改变,那么从那一刻起它就是有效的。

立法者要对公众保持高度警惕,要震慑他们,直到他们全都承认众神的存在,在内心认可立法者的法律所规定的信念,使他们的行动全都与法律条文所规定的信念一致,就像对待那些所谓可尊敬的东西、正义的东西、一切最高尚的东西、一切能造就美德的东西。他要吓唬那些不愿听从法律的人,对其中的某些人要处以死刑、禁闭、鞭笞、剥夺公民权和财产。

[灵魂观(10. 892a—10. 893b)]

灵魂是一切事物的本性和力量,但大多数人对此一无所知;在这种普遍无知中,他们尤其不知道灵魂的起源,不知道灵魂在那些最初的事物中是头生的,先于一切形体和使形体发生变化和变异的最初根源。假如确实是这种情况,那么一切与灵魂同类的东西必定也先于形体一类的东西,因为灵魂本身先于身体。

判断、预见、智慧、技艺和法律,一定先于硬和软、重与轻。是的,可以证明那些伟大的最初的作品是技艺的产物,有理由被称作原初的作品;而那些自然的产物,还有自然本身,是第二位的,是从技艺和心灵中产生出来的。自然这个词的意思是位于开端的东西,但若可以说明灵魂先于自然出现,灵魂既不是火也不是气,而是位于开端的东西,那么完全可以正确地说,灵魂的存在是最自然的。

[运动观(10. 893b—10. 895b)]

有些事物是运动的,有些事物是静止的。处于运动中的动者和处于静止中的静者一样,都位于某一空间。有些事物在一个位置上运动,有些事物在不止一个位置上运动。在一个位置上运动,指的是中心不动的事物的运动,就好比陀螺的旋转。在几个位置上运动的事物,指的是位移,物体每一刻都在改变位置,有些时候运动中的物体有一个支撑点,有些时候,在滚动的情况下,有不止一个支撑点。

在运动中物体会相互发生碰撞,静止物体受到运动物体的撞击,形成新的结合,那些最初的成分之间就是这样形成复合物。结合使复合物增大,而分离则使复合物变小,除非原先的物体仍旧保持着它的构成。如果物体不能保持它的构成,那么结合与分离都会引起化解。

生成显然是从某个起点开始获得增长,然后进入第二步,然后又进入下一步,通过这三步,生成物就可以被感知者察觉了。事物的生成,靠的就是这样的运动变化和变形,只要这种情况在持续,它就拥有真实的存在。当事物的构成发生了改变,变得和原来不一样了,原来那个事物也就完全毁灭了。

运动有两种形式。第一种运动形式通常使别的事物运动,但它自身并不运动。第二种运动形式通常使自己运动也使其他事物运动,就好像结合与分离的过程中发生的运动一样,这样的运动通过增长或减少,或者通过生成或灭亡来进行,灭亡亦即失去存在。

事物的变化有一个最初的源泉。被其他事物推动的事物不能成为变化的最初原因。假定一切事物都聚集在一起,保持静止。能够自己运动的事物最先开始运动,此外不可能有其他变化的源泉,因为按照这个设定的前提,变化不可能预先存在于这个系统中。

进一步推论,无论什么东西作为一切运动的源泉,乃是在一切静止和运动的东西中最初出现的东西,我们要宣布这种自动是一切变化中最先的和最有力的,而被其他事物替代或在别的事物推动下发生的运动是第二等的。

[灵魂自动(10.895c—10.899d)]

以灵魂为名称的这个事物的定义是自动。灵魂是运动的源泉,是一切事物中最先出现的。灵魂先于物体,物体是第二位的,是派生出来的,灵魂支配着事物的真正秩序,物体则服从这种统治。内在的灵魂控制着在宇宙中运动着的一切事物,灵魂控制着宇宙本身。有不止一个灵魂在起作用。

灵魂靠着它自身的运动推动着天空、大地、海洋中的一切事物,这些运动的名称是希望、思考、预见、建议、判断、真或假、快乐、痛苦、希望、恐惧、仇恨、热爱,灵魂用这些运动以及与此相类似的或原初的运动推动着一切事物。接下去,它们又带来了第二类运动,即物体的运动,以及与这些物体相伴随的性质,热与冷、重与轻、硬与软、白与黑、干与湿,等等,以此指引着一切事物的增加或减少,分离或结合。智慧是灵魂的助手,借助这些工具和它的所有工具,灵魂使一切事物达到正确与快乐的境地,但若愚蠢成为灵魂的伴侣,那么结果就完全相反了。为宇宙作预见并指导着宇宙沿着这条道路运动的是至善的灵魂。但若这个运行过程狂乱无序,那么指导着宇宙前进的是邪恶的灵魂。

[神的庇佑与末世的希望(10.899d—10.910c)]

众神都是关心人间事务的。神是善的,拥有完整的善性,把关心一切事物视为它们恰当的和特有的功能。众神全察、全视、全听,感觉或知识范围内的东西没有一样能够逃出它们的认知。众神的行为不会有任何疏忽和懒惰。

人的生命是有生命的自然的一部分，人本身在一切生灵中最敬畏神。一切生灵是众神的牲畜，而整个宇宙也是属于神的。所以，不管人们以为这些事情对神来说是大事还是小事，我们知天命的、全善的主人都不会忽略这些事情。一定不要把神想象得连匠人都不如。无论任务大小，使用同一种技艺，工作越努力，他们的任务就越能很好地完成。一定不要把最有智慧而且愿意和能够关心人事的神看成一个懒惰不中用的人，说它不考虑小事和容易的事，只考虑大事，或者说它像懦夫一样躲避工作。

这个世界的创造者也安排了世上的一切，把它作为一个整体来保存，使之完善，而每一事物也会在力所能及的情况下行事，并承受与其相遇的事物对它的所作所为。在各种情况下，这个世界的主宰已经给每一事物指定了它要做的和要承受的所有事情，确定了每个细节，这个世界上的每个局部细节都是完善的。

掌管宇宙万物对众神来说是一件易事。它们能够有效地控制整个宇宙，众神是宇宙的统治者。这个宇宙充满着好事物，也不缺乏它们的对立面，而位于善恶之间的事物更是多得不计其数。斗争是不会止息的，需要有一种神奇的力量来监管，众神和精灵在这场战争中是我们的同盟者，而我们又是这些神灵的财产。谬误、固执、愚蠢是我们的祸根，公义、节制、智慧是我们得到拯救的保证，这些东西的根源存在于众神的活生生的力量之中，尽管在我们中间也可以看到一些褪色的遗迹。也有一些被玷污的灵魂居住在我们的大地上，在作为我们守护者的灵魂面前，它们无疑会卑躬屈膝地匍匐，而我们的守护者也可以称作看管我们的牧人、牧犬和万物之主。这些恶灵会被求援者的奉承和咒语说服，它们对人类的侵犯在它们看来也是合法的，不会带来可悲的后果。

我们的法律希望不敬神的人改变他们的道路，与敬神的人走到一起来。对于那些不服从告诫的人，我们要制定有关不敬神的法律。

第十一节　原文第十一卷（11.913a—11.938c）

［契约、财产权（11.913a—11.915d）］

制定商贸法的原则：未经事主许可，无人可以动用事主的财产或把事主的财产分给别人；如果一个人是通情达理的，那么他也要用同样的方式对待别人的财产。

某些人的祖先把财宝埋入地下，我们一定不能祈求神灵让我们找到这些财宝。如果碰巧发现了埋在地下的财宝，一定不能动用它，也不能把事情告诉占卜者，因为他们一定会建议我们去使用这些埋藏在地下的财宝。而不去使用才是对的。此外，应当相信流行的传说，这样的财宝并不能给我们的子孙后代带来幸福。如果不关心后代，不肯聆听立法者的声音，未经埋藏者的许可就私自动用既不属于他自己又不属于他自己祖先的埋在地下的财宝，那就违反了我们最重要的一条法律。

如果有人指控别人动用了他的财产，而被指控者承认这是事实，但对财产的所有权有争议，那么在这种情况下，如果这样财产在执政官那里有记录，被告就要召集一些人去见执政官，把动用的物品呈给执政官。如果发现这样物品确有记录,并属于某位当事人,那么执政官就要把物品判给物主,然后让他们解散。如果发现这样物品属于不在法庭上的第三者,那么诉讼双方在支付了足够的保证金之后,法庭可以代表不在场的物主没收这样东西,然后送还给他。如果有争议的物品没有记录,那么在诉讼期间物品要由三位执政官保管,直到作出裁决。如果受监管的物品是一头家畜,那么败诉者要向法庭支付相关的饲养费用。执政官要在三天内对这种案子作出裁决。

[商贸法规(11.915d—11.920c)]

在所有买卖中,各种不同的商品要送到市场上的指定摊位去出售,根据不同时间定价;禁止在其他地方进行交易,不许赊购赊销。如果有公民相信与他交易的人,在其他地点以其他方式做买卖,那么他必须明白,除了法律规定的交易地点和方式外,其他任何买卖都是法律所不允许的。至于订购,任何人愿意这样做都可以把它当作朋友间的行为,但若由此引起纠纷,那么当事人必须明白法律并不保护这样的行为。如果某批货物的卖主得到五十德拉克玛或更高的报价,他必须把货物保留在境内十天以上,买主在此期间有权得知货物的存放地点,也可以像通常那样对货物质量提出疑问,直到对相关的赔偿规则满意为止。

任何人都不能把神的名字挂在嘴上骗人或进行欺诈活动,但仍旧有人会藐视神的告诫,比如有人撒谎、作伪誓、藐视上苍,还有程度较轻的对优位者撒谎。一般说来,好人是坏人的优位者,年长者是年轻人的优位者,父母是子女的优位者,丈夫是妻子和孩子的优位者,执政官是其下属的优位者。尊敬无非就是对所有处于权威地位的人所尽的义务,尤其是对国家的权威。在市场上无论出售什么货物,不能给同一种东西制定两种价格。卖方可以出一个价,如果买方不愿意买,卖方就应把货物取回,并且不能在同一天以更高或更低的价格出售这样货物。为了制止商家的欺诈行为,市场官员和执法官要向不同行业的专家咨询,制定具体规则,告诉商人哪些事能做,哪些事不能做;要把这些规则刻在柱石上,竖在市场官的衙门前面,使在市场上做生意的人更加有据可循。

考虑到零售的基本功能,国内的零售不是一件坏事,而是好事。零售商能使原先天然分布不平衡、不合比例的各种物品平衡而又合乎比例地分布到各处,供人们使用,借助货币可以达到这种结果,这就是商人的功能。同样,挣工钱的人,开小旅馆的人,还有从事其他各种职业的人,全都具有相同的功能,这就是适合人们的各种需要,使商品分布得更加平衡。但是这些职业没有很好的信誉,因为全人类只有一小部分人受过圆满的训练,能约束自己的天然倾向,当他们发现自己处在需求和欲望的洪流中时,只有这些人能够下决心节制自己。在有机会发财的时候,能保持清醒头脑的人并不多,或者说宁愿节制富裕的人并不多。大多数人的性情完全相反,在追求欲望的满足时,他们完全超过了一切限度。一有机会赢利,他们就会设法谋取暴利。这就是各种商人和小贩名声不好,被城邦轻视的原因。

[劳动契约(11.920d—11.922a)]

违反合同或不履行契约的情况应当由部落法庭审判,除非能在由邻居组成的法庭中得到调解,或者说这份合同或契约是法律或公民大会的规定禁止的,或者说是出于强迫或不知情的情况下缔结的。

法律也要向订立合同的人提出同样的建议,作为一名工匠,他当然知道自己工作的真实价值。在一个自由民的城邦里,工匠决不能利用他的专业知识欺骗那些不懂行的人,从他们那里捞取好处,尽管知识本身应当说是一件诚实、公义的东西,受到这种伤害的人必须得到法律的补偿。另一方面,与工匠订立合同的人如果没有严格按照具有法律效力的合约支付工匠的工资,那么也要有相应的法律来制裁这种违法行为。

从事战争的工匠,包括将军和其他军事专家,他们在一定意义上也是工匠,尽管是不同类别的工匠。如果他们中有人为公家从事某项工作,无论是作为志愿者还是根据命令,并且完成得很好,那么法律会高度赞扬向他支付工资的公民,亦即给他荣誉,但若公民们一方面接受了他完成得很好的工作,另一方面却又拒绝给他荣誉,那么法律要对这样的公民进行申斥。

[遗嘱、孤儿、监护人(11.922a—11.928d)]

监护人对孤儿的供养和监管问题是下一步要尽力加以规范的领域。提出这个问题的依据在于人们不知如何处置死者的财产,在有些情况下,死者并没有作过这样的安排。人们在生命将要终结时立下遗嘱,但有些遗嘱与法律有抵触,也有人会立下前后不一致的遗嘱,要么与亲属的意愿不符,要么与他自己较早的遗嘱不符。要制定关于遗嘱的具体法规。

立法者要向人们宣布,你们的人和你们的财产都不是你们自己的,而是属于你的整个世系,过去的世系和未来的世系,再进一步说,世系和财产属于国家。所以不允许人们在年迈体衰、神志不清时听了那些阿谀奉承的话就错误地安排遗产。法律着眼于整个城邦和家族的最大利益,而具体某个人或者他的事务,则是不重要的。

[家庭纠纷(11.928d—11.930b)]

父子之间有时也会出现很大的纠纷。做父亲的老是认为立法者应当授权给自己,如果自己认为适当,就可以公开宣布与儿子脱离父子关系,并具有法律效力,而做儿子的总是期待当局能启动法律程序来反对因年迈或疾病而变得疯狂暴虐的父亲。法律要提供一些具体规定来处理这种情况。无论有没有正当的理由,当一个人想要驱逐他的亲生儿子时,必须履行相应的法律程序,不能自行其是。

如果丈夫和妻子之间由于坏脾气而想要离婚,这样的案子在各种情况下都要由十名年龄不同的男执法官和十名负责监护事务的妇女来处理。如果他们能够成功地使夫妻复合,那么万事大吉;如果无法调解冲突,反而使夫妻之间的对立更加剧烈,那么就要由他们来为当事的双方寻找最佳配偶。想要离婚的人脾气都不会好到哪里去,因此我们要尽可能寻找好脾气的人来做他们的新配偶。如果离婚者没有子女,或子女很少,那么在给他们寻找新配偶时还要考虑到生育问题。如果他们已经有了足够的子女,那么在判决他们离婚和给他们重新寻找配偶时,主要的考虑就应是年纪和相互照顾的问题。

在新国家里,如果有人怠慢他的父母,没有精心满足父母的愿望,而对自己的子女的照顾超过对父母的照料,那么知情者都可以到三位年长的执法官和三位负责赡养事务的妇女那里去告发他,他们可以亲自去告发,或者让别人代表自己去。这些官员将审理案件,如果不孝者是男的,还很年轻,不足三十岁,那么要用鞭笞和监禁来处罚他;如果不孝者是女的,那么要把她当作四十岁的妇女来处罚。如果有人过了这个年龄仍旧不孝顺父母,或者虐待父母,那么要由一百零一名最年长的公民组成的法庭来审判他。

[投毒造成的伤害(11.932e—11.938c)]

人类以两种不同方式使用毒物:一种是有目的地使用食物、饮料、油膏对他人造成伤害;还有一种是通过技艺、巫术、符咒、咒语起作用,施行这些技艺的人使人们相信他们拥有这种为害的能力,而那些受害者则相信施行这些技艺的人能使自己着魔。关于毒物的法律相应分成两章。但首先要声明,我们不希望、不要求、不建议使用毒物,我们不能在人类中制造恐怖,因为大部分人都像婴儿一样容易受到惊吓,也不能要求立法者或法官找到治疗这些恐怖的方法。

立法者要号召人们服从正义。对于服从正义的人,法律没什么要说,而对那些不服从正义的人,法律将说出这样一番话来:任何人被怀疑试图歪曲和改变法官心中的正义标准,错误地扩大法律诉讼的数量,或错误地增加诉讼,都要受到法律的制裁,他们的罪名在不同情况下是歪曲正义,或是煽动这样的歪曲。这种罪行要由挑选出来的法官组成的法庭审理,如果罪行得到确证,那么法庭将在审理中确定当事人的这种行为是出于政治上的野心,还是出于对金钱的贪婪。

第十二节 原文第十二卷

（12.941a—12.969d）

[军事法（12.941a—12.945a）]

关于军队法律:已经应征或已被指派到某个兵种的人都要按时服役。如果一名军人没有得到指挥官的同意,由于胆怯而逃避参战,那么当部队从战场返回后,就要起诉这些人,由他原来所属的那个兵种的军官来审判,步兵、骑兵或其他兵种,按不同的审判程序进行。

指挥官要考察所有战士的表现,宣布对有杰出表现者的奖励,得奖的依据就是战士们在刚刚结束的那场战役中的表现,而不是以前的战役。每个单位颁发的奖品是一个橄榄枝编的花环,获奖者要把花环献给他所喜欢的那位战神,作为今后获得一、二、三等终生成就奖的依据

没有得到指挥官的撤退命令就逃跑的士兵也要受到和逃避参战同样的指控。指控某人逃避参战或在战场上逃跑,要小心区分有意或无意,不要造成冤案。要施行正义,尤其要谨慎对待在战场上丢失武器的案子,不要冤枉人,不要把被迫失去武器当作可耻地抛弃武器来加以谴责。

如果某人被敌人围困,而他当时有武器在手,在这种情况下他不去努力抗敌,而是有意放下武器,或扔掉武器,用这种可耻的行为来换取活命,而不是勇敢地光荣牺牲,对这种人,可以说他丢弃武器;而对上面提到的另一类例子,法官要做仔细调查。矫正总是针对恶人,要使他们变好,而不要针对不幸的人,这样做是浪费时间。

[行政监察(12.945b—12.948b)]

如果我们的监察官比行政官更优秀,能够公正完善地完成他们的工作,那么我们整个民族和国家都会繁荣昌盛,会享有真正的幸福;但若我们的行政监察也有问题,那么联系在一起的我们这个城邦有机体的每个部分都会削弱,每一种职能都会被另一种职能削弱,各个部门无法通力协作,整个国家将不再是一个国家,而是多个国家,充满争斗,最后导致灭亡。所以必须看到,行政监察是至关重要的,担任监察官的人必须在各方面都出类拔萃。因此选拔监察官要有某种新的方式。

全体公民每年在夏至后的那一天,要在祭拜太阳神和阿波罗神的圣地里集会,当着神的面选举监察官。在第一年里要用这样的方法产生十二位监察官,任职期到七十五岁为止,然后每年产生三位新的监察官。监察官的衙门就设在阿波罗神和太阳神的圣地里,也就是选举监察官的地方。监察官将独立调查有出格行为的政府官员,有些案子也可由几位监察官共同负责,对官员的处罚要成文,公布在市场边上的那个广场上,这些处罚要经过监察委员会的审查和批准。

[法庭宣誓(12.948b—12.949d)]

人们关于众神的信仰改变了,所以法律也必须改变。法律要求原告在法官面前宣誓,任何有投票权的公民在涉及各种案子或选举时都要宣誓。同样,合唱比赛和其他音乐表演、体育和马术竞赛的主席和裁判,以及处于类似地位的人也要发誓,在这些场合下,人们一般认为作伪誓不能带来什么好处。但在明显具有重大好处的地方,人们会违反事实真相而作伪誓,在各种场合对竞争双方作出错误的裁决,由此引发法律诉讼。

［国际交往(12.949e—12.956b)］

一个没有关税、没有商业的国家必须决定如何处理它的公民去外国旅行以及接受外国人到它自己的领土上来的问题。不同国家之间不能自由往来,因为这样做会产生各种混合性格,就像由于互相访问而造成疥疮的传染一样。对一个公共生活健全,受到正确法律控制的城邦来说,这样的自由往来会产生有害的后果,然而大部分国家的法律都还没有制定相应的措施,没有说明本国居民要不要欢迎外国人来访,并与他们混居在一起,或者当本国的老老少少产生旅行念头时要不要批准他们出国旅行。

另一方面,拒绝一切外国人入境和不允许任何本国居民去外国旅行,并非总是可能的,如果这样做的话,也许会使其他国家认为我们这个国家是野蛮的、缺乏人情味的;我们的公民也会被认为采取了错误的拒斥外国人的政策,具有不相容和不易接近的性格。但是,一个国家在外部世界的名声,无论是好名声还是坏名声,决不能忽视。

因此,我们国家关于出境旅行和接受外国人入境的法律是这样的:第一,任何四十岁以下的人在任何情况下不得邀请和允许外国人来访;第二,这样的旅行不能出于私人目的,而只能是公务旅行,包括派遣大使、公使、参加各种宗教仪式的代表团,等等。逃避兵役者或战场上的逃兵不能参加这样的活动。

还有其他一些使者应当派往国外,由执法官批准。如果我们的公民有充分的闲暇研究其他民族的事情,那么没有法律会阻碍他们成行。一个对其他国家的民众不熟悉的国家,无论这些国家是好是坏,在孤立之中决不会达到恰当的文明水平,也不会成熟。没有这种考察,没有这种调查研究,或者说调查研究得不够,那么没有一种政治体制会完全稳固。

首先,从事这些观察的人年龄应在五十岁或五十岁以上。其次,如果我们的执法官允许某人去国外考察,那么他必须是在军事或其他方面具有很高声望的人,他在国外考察的时间不得延长到六十岁以上。他可以利用这十年左右的时间进行考察,回国以后,他要在法律的监督下向议事会报告。这个议事会的成员有比较年轻的,也有比较年长的,报告时间长达一天,从天明破晓到黄昏日落。这个议事会的成员包括:第一,最高级的祭司;第二,十名现任执法官;第三,最新选出来的教育长和其他曾经执掌这个部门的负责官员。这些人不仅本人参加,还要带上他认为最优秀的、年纪在三十到四十之间的年轻人。报告会上讨论的问题是我们自己国家的法律,但他们也可以提出一些有可能从其他地方得到的相关建议,尤其是他们认为比较先进的各种学问和研究成果,借助于这些学习和研究可以有助于执行我们的法律,如果忽视这些学习,那么我们的法律将会处于黑暗和困惑之中。

必须接待的外国人有四种:第一种是那些经常来访的外国人,他们大部分在夏季来,就像候鸟一样,他们实际上就是长翅膀的候鸟,在适当的季节从海外飞来,从事有利可图的商业。考虑到他们的利益,我们处理这类事务的官员要接受他们,让他们进入市场、港口,以及某些建在城墙外的邻近城市的公共建筑。第二种是字面意义上的观光者,他们到这里来是为了使他们的眼睛能看到美妙的景象,耳朵能听到美妙的音乐。要在神庙中为所有这样的观光客提供住宿,款待他们,我们的祭司和神庙看管者要负责关心照顾他们。第三种必须当作国家的客人来接待,他们是来处理国事的。要由将军、骑兵指挥官、步兵指挥官接待这种客人,其他人不能擅自接待。第四种不常见,是来我们国家考察的人。这种人至少要有五十岁或五十岁以上,他的公开目的是来学习我们的长处,把我们的优点告诉他们自己国家的人。他可以去负责教育事务的官员家中,因为他自信适宜拜访这样的主人,或者去其他一些拥有美德声誉的人家。他可以在这样的人家住一段时间,与他们讨论学问,等他要离开的时候他们已经成了朋友,主人会用适当的礼物给他送行。

[司法机构的建立(12. 956b—12. 960b)]

司法机构有待建立。第一种法庭由若干名法官组成,称他们为仲裁也许更加合适,由原告和被告共同选择。第二种法庭由若干村民和同部落的人组成,每个部落要再分为十二个部分。法官们要想作出公正的审判,必须设法弄到相关的书籍,努力学习。如果法律确实是法律,能使较好的人成为法律的学生,那么实际上没有任何一种学习能像学习法律那样有用,否则的话,激起我们崇拜和惊讶并与理智同源的法律就没有什么用了。

诉讼一结束,法律判决就要执行,这方面的法规如下:首先,除了必须推迟执行的案子外,执政官要当着法官的面布置执行判决的工作,并将执行通知送交诉讼的双方,到达后立即执行。案子审完以后一个月,如果胜诉者还没有得到赔偿,那么就要由行政官员强制执行,使他得到赔偿。如果败诉者的财产不足以充分赔偿,差额达一德拉克玛或一德拉克玛以上,那么败诉者打官司的权力就要被剥夺,直到他付清赔偿为止,而其他人则持有起诉他的权力。

[拂晓议事会(12.960b—12.962e)]

要建立拂晓议事会来保障法律。议事会在拂晓前开会,因为这个时间是人们最空闲的时候,没有其他公事或私事的打扰。如果把这个议事会当作一个国家的备用的大锚,给它装上所有合适的附属配件,然后抛掷出去,那么它就能够为我们的所有希望提供保障。这个组织,确实需要具备各种美德。它的首要美德就是不要动摇不定,不要转移目标,它必须确定一个单一的目标,以此为一切行动的指南。

[美德的整体(12.963a—12.969d)]

美德有四个部分。智慧是四部分美德中最主要的,它应当成为其他三部分美德的目标,以及成为其他一切事物的目标。我们把勇敢称作美德,同样也把另外两部分称作美德,这就表明它们实际上并非几样东西,而只是一样东西。

要在迄今为止已经立下的法律上再加一条:要建立一个在拂晓开会的执政官议事会,这些执政官全都受过我们已经讲过的这些教育,以此作为国家的监护人和保存者。如果能够把这个值得尊敬的议事会建立起来,那么我们必须把国家交给它来掌管。仅当我们审慎地选择了我们的人,对他们进行了彻底的教育,让他们居住在这个国家的中心城堡里,让他们担任国家的卫士,成为我们从来没有见过的完人,这个时候,我们的理想才能真正实现。

第三章　逻辑结构

　　《法篇》分为十二卷,据说是由柏拉图的学生菲力浦划分的。但这种形式上的划分不能反映整部对话的逻辑结构。从内容来看,《法篇》可以分为三大部分:(1)立法序言(1—3卷);(2)组织安排(4—8卷);(3)法典条文(9—12卷)。为了便于读者更好地理解《法篇》的核心要旨,参考席瑞尔(R.Schaerer)的意见①,本章以类似表格的方式呈现《法篇》的逻辑结构。

第一节　立法序言

第一主题:论公餐制的好处(第1—2卷)

　　总体框架:

　　[问题]公餐、锻炼、武备一类的组织制度能够增强公民
　　　　的美德吗?

　　[假设]人拥有理智,美德是一个整体,真正的教育具有

---

① 参阅[法]卡斯代尔·布舒奇:《〈法义〉导读》,谭立铸译,华夏出版社2006年版,第227页。

神圣的价值。

[结论]制度化的公餐、锻炼、武备能够增强公民的勇敢
和节制。

然而,美德问题并不因此而得到解决。

第二主题:整体美德的情形如何(第3卷)

详解:

第一卷(1.624a—1.650b):

(1)第一次辩证的运用:和平对战争的优越性

[意见]克里特希望通过公餐制来增强战士的勇敢
(1.624a—1.626b)。

[假设]和平与和谐的优越性(1.628a—e);

整体美德优于单一美德——勇敢(1.630a—b);

至善的优越性和智慧的首要地位(1.631a—
1.632d)。

[结论]所以,克里特法律追求的目标不是勇敢,而是整
体美德(1.632e)。

(2)第二次辩证的运用:论真正的勇敢

[意见]斯巴达的法律通过公餐制来增强卫士承受痛苦
的勇敢(1.632e—1.633a)。

[假设]真正的勇敢是节制痛苦和快乐,节制快乐的勇敢
优于承受痛苦的勇敢(1.633c—1.634b)。

[结论]所以,斯巴达的法律还不能增强真正的勇敢
(1.635b—d,1.636b)。

(3)第三次辩证的运用:节制与公餐制的好处

[意见]公餐制增强节制,不亚于增强勇敢(1.636a)。

[假设]人们试图采用某种具体方法(1.638e);

智慧而淡泊的首领的优点(1.640b);

教育和法律的优越性(1.643a—1.645c)。

[结论]所以,人在诫命、习惯和机智的帮助下,对快乐和欲望发起斗争,能够实现对自己的完全支配(1.647d)。

第二卷(2.652a—2.674c):

[意见]制度化的公餐对教育来说是必要的(2.653b—c)。

[假设]真正教育的定义和优越性(2.653b—c);

节日和真正教育的神圣起源(2.653d—2.654a);

正义、虔敬、健美、善意以及一切源于神明的事物的优越性(2.661b—2.663d)。

[结论]无章可循的公餐制无益于节制和良好的教育,有章可循的公餐制有益于节制和良好的教育(2.673e—2.674b)。

第三卷(3.676a—3.702e):

[问题]新的研究主题:良好的城邦管理依靠什么(3.683b)?

[假设]美德和理智优于无知和愚蠢,法度优于过度(3.688a—3.690e)。

[结论]所以,良好的城邦管理靠的是美德的完善与和谐的实现(3.693c,3.696b—e,3.701d—e)。

第二节　组织安排

第四卷(4.704a—4.724b):

[问题]法律是某位立法者的作品吗(4.709a)?

[假设]神明与技艺的优越性(4.709b—c)。

[结论]所以,法律是某位立法者的作品(4.709c)。

[问题]我们城邦的政治体制是什么(4.712b)?

[假设]神明以及神圣因素的首要性(4.713d)。

[结论]所以,我们的城邦将是一种神政体制(4.714a)。

[问题]城邦只能用暴力约束人吗? 正义是强者的利益
吗(4.714c)?

[假设]法律的优越性和神明的首要性(4.715c—e)。

[结论]正义是神明的仆人,强者的利益只能摧毁正义
(4.716a—b)。

立法计划的后果:法律应当运用序言的方式对民众进行
激励,而不是简单的恫吓和命令(4.720a—e);
放弃有关序言的闲扯(4.723e)。

第五卷(5.726a—5.747e):

[问题]个人应当承担什么义务(5.726a)?

[假设]神明的首要性与灵魂的优越性(5.726a—
5.728d)。

[结论]对个人承担的某些义务进行考察(5.729a—
5.730b)。

[问题]什么样的生活是美好的(5.730b)?

[假设]真理、正义的优越性,关于神圣的生活(5.730c—
5.732d)。

[结论]所以,节制、勇敢、智慧、健康是人类美好生活的
本质(5.732d—5.734d)。

第六卷(6.751a—6.785b):

[问题]从婚姻规定开始,如何寻找适配的女人

(6.772e)？

[假设]肯定节制的优越性(6.773a—e)。

[结论]所以,各种各样的规定就是有关婚姻的法律(6.774a—6.776b)。

第七卷(7.788a—7.824c)：

[问题]如何将良好的禀性植入孩子的灵魂(7.791d)？

[假设]中庸和优雅的优越性(7.792d)。

[结论]所以,各种法律有助于教育孩子的灵魂(7.793d)。

[问题]唱歌舞蹈是怎么回事(7.796e)？

[假设]除了从坏转向好,稳定优于变化(7.797b—7.798d)。

[结论]所以,要制定关于唱歌和舞蹈的规矩,避免创新的危险(7.798e—7.802e)。

[问题]为什么要考虑音乐的教育与灌输(7.803a)？

[假设]神明的优越性,所有好人应当以神为他们思考的中心;而人只是被造出来作为神的玩偶的被造物(7.803b—804b)。

[结论]所以,要制定有关音乐和舞蹈的各种规定(7.704c)。

第八卷(8.828a—8.850c)：

继续讨论法律、宗教、节日、娱乐、竞赛,特别是：

[问题]怎样使年轻人远离肉欲(8.836a—b)？

[假设]法律一旦得到批准,所有人的心灵都会受到制约(8.838a—8.839c)。对冥顽者再次采取法律行动(8.840e—8.841b)。

[结论]对性爱作出强制性的规定,把它们当作性和爱问题上的法律(8.741d—e)。

第三节　法律条文

第九卷(9.853a—9.882c):

从渎神罪开始探讨刑法:

[问题]针对抢劫、盗窃圣殿的法律应该是怎么样的(9.853d)?

[假设]诸神、义人、正义的优越性(9.854b—c)。

[结论]所以,应当制定有关抢劫、盗窃圣殿的法律(9.854d—9.856a)。

[问题]反城邦罪:立法者是否应该针对各种情形立法,以不同方式惩罚不同的过错(9.857b)?

[假设]教育优于立法,崇高优于必然(9.857e—9.858a)。知识优于意志,所有过错都不是故意的(9.860d)。

[结论]所以,过错具有平等性,因为所有过错都不是故意的(9.861a)。

[问题]人们懂得如何区分不公正与伤害:错误之间彼此不同的依据是什么(9.861d)?

[假设]不公正有别于伤害,道德养成优于实施法律(9.862b—9.863e)。

[结论]过错有类别的区分,所以关于这些过错的法律是不同的(9.864c—9.869e)。

[问题]在这些过错中,人们区分蓄意谋杀和过失杀人,疯狂的蓄意谋杀是怎么一回事(9.869e)?

〔假设〕正义的德性优于财富(9.870b—c)。

〔结论〕所以,要制定有关蓄意谋杀的法律(9.871a—
9.874c)。

〔问题〕使人致死的事故是怎么回事(9.874d)?

〔假设〕人优于动物,政治技艺与理智的优越性
(9.874e—9.875d)。

〔结论〕所以,应当制定有关使人致死的事故的法律
(9.876e—9.882c)。

第十卷(10.884a—10.910d):

〔问题〕对渎神罪应当施以什么样的惩罚(10.885b)?

〔假设〕灵魂的优越性和理智的首要性(10.895e—
10.898c)。

神明的善意和关怀(10.900d—10.901e)。

诸神的优越性和正义(10.905e—10.907a)。

〔结论〕所以,应当制定有关渎神罪的法律(10.907d—
10.910d)。

第十一卷(11.913a—11.938c):

〔问题〕民法与商法:欺诈是怎么回事(11.916d)?

〔假设〕诸神,年老者和执政官的优越性(11.916d—
11.917b)。

〔结论〕所以,要制定有关欺诈的法律(11.917b—
11.918a)。

第十二卷(12.941a—12.969d):

〔问题〕在谈了各种法规之后,话题转向拂晓议事会:怎
样才能保持法律的长久(12.960b)?

〔假设〕由理智主导的整体美德,对诸神的信仰

（12.963a—12.968b）。

［结论］追求美德的卫士是法律长久的保证(12.969c)。

［结语］柏拉图的梦想:让我们按照正确的路线去建设新城邦,使自己得到荣耀,或者享有后世无法与之相比的永久名声。刚才在谈话中我们涉及过这个梦想,仅当我们审慎地选择了我们的人,对他们进行彻底的教育,让他们担任国家的卫士,成为我们从来没有见过的完人,这个时候我们的理想才能真正实现(12.969a—c)。

第四章　重大议题

除了以法律为整部对话的主题,柏拉图还讨论了法律与美德、教育、政治、社会、宗教的关系。在此过程中,柏拉图发展出他自己的美德论、教育论、政治论、社会论、宗教论。本章依据原典,集中阐释柏拉图的相关思想和学说。

第一节　论美德

柏拉图认为,一切立法应以美德为目标。从美德开始,把美德解释为立法者制定法律的目标,这样做是正确的。然而,如果整个立法只以某一部分美德为旨归,而把美德的其他部分都当作微不足道的,这就有问题了。(1.631b)

克里特人的法律是健全的,遵守法律的人会获得幸福,法律会给他们带来大量好处,其中有健康、美貌、气力、财富。(1.631c)而在立法过程中,自制、勇敢、正义等美德与理智相伴,介入立法。立法者必须告诫他的公民,遵守法律就可以得到这些好处。(1.631d)

立法者有责任确定和解释什么是善,什么是恶,也有责任监管公民获取和消费金钱的方法；他要把荣誉授予依法行事的人，而对违法者制定专门的惩罚。这样一来，所有这些法规就可以融入一个理性的整体，受到正义与自制的激励，而不是受制于财富或野心。（1.632b—c）

　　柏拉图给勇敢下了定义：勇敢不仅是对抗恐惧和痛苦，而且还是对抗欲望和快乐。（1.633d）立法者制定的法律肯定不会只针对一种勇敢，就好比把一只手背在后面，以便能够抵挡左面的敌人，却无力打击从右面来的狡诈、奉承和诱惑。它肯定应当能够抵挡来自两个方向的进攻。（1.634a）克里特有大量的法律能使公民对抗恐惧和痛苦，但却很少有法律能使公民对抗欲望和快乐。（1.634c）克里特的立法者认为，要是一个人自童年起就回避痛苦和恐惧，那么以后面对艰辛，他就无法回避痛苦和恐惧，他也会逃离任何接受过这种训练的敌人，成为他们的奴隶。立法者应当按同一思路对待欲望和快乐。他应当对自己这样说：如果我们的公民在成长过程中没有经历过最强烈的快乐，如果他们没有接受如何坚定地对抗快乐的训练，那么他们对快乐的喜爱将引导他们走向与屈服于恐惧的人同样的命运。他们所受的奴役是另一种奴役，但更加可耻；他们将成为能够坚定对抗快乐的人的奴隶。从灵性上说，我们的公民部分是奴隶，部分是自由民，仅在有限的意义上，他们配得上被称作勇敢的和自由的。（1.635c—d）

　　柏拉图在讨论了勇敢之后讨论节制。他认为，克里特和斯巴达的政治体制比其他国家相对比较随意的体制要优越。这种优越性表现在，它们的制度以培养公民的勇敢和自制为目标。（1.635e）但是问题在于，任何体制都不可避免地在某些方面伤害我们，同时又在其他方面帮助我们。（1.636b）所以这两个城邦受到指责,认为它们的做法违背自然。快乐和痛苦就像自然释放出来的两道泉水。一个人在恰当的时候适度饮用泉水,就会享有幸福的生活;但若他在错误的时候不理智地饮用泉水,他的生活就很不一样了。城邦、个人以及任何生灵,在这个问题上基本点都是一样的。(1.636e)不过,尽管有这些谴责,斯巴达的立法者颁布回避快乐的政令是正确的,它在城邦中完全消除了那些诱使人们放纵于最强烈的快乐的事情,不让这些事情变得无法控制,也不让人们干下这些蠢事而变成傻瓜。(1.637a)

恐惧有两种:一种是羞耻,由于做了某些不光彩的事,说了某些不光彩的话,害怕自己将要得到坏名声;另一种是抵抗痛苦和快乐。(1.647b)因此,恐惧是一种美德,对胜利有贡献。每个人都应当变得既恐惧又不恐惧,面对敌人时要无所畏惧,在朋友面前要害怕丢脸。(1.647c)应当让人去与羞耻作斗争,使他经受锻炼,以此确保他在与自己追求快乐的欲望的斗争中取得胜利。如果一个人只能通过与他自身的胆怯作斗争来消除胆怯,以此获得成熟的勇敢,那么没有参与这种斗争的经验,不懂得这种竞赛的规矩,就不能获得成功。只有在诚命、习惯和机智的帮助下,对引诱他的无数快乐和欲望发起斗争,才能实现对自己的完全支配。(1.647d)

智慧的对立面是愚蠢,是无知。一个人喜欢和热爱恶的、非正义的事物,仇恨好的、善的事物,这就是无知的表现。(3.689a)人的快乐感与痛苦感之间的不协调,以及他的理性判断,构成了无知的深渊。无知会极大地影响灵魂的要素。当灵魂与知识、意见,以及它的天然主导原则理性发生争吵的时候,就有了愚蠢。这种情况既适用于城邦,也适用于个人。

（3.689b）所以，要制定一项政策：不得将任何权力托付给承受这种无知之苦的公民。他们的无知必定要受到指责，哪怕他们的理性能力很突出，机敏好学，也能努力工作，建功立业。城邦的职位必须授予那些有智慧的人。可以把最伟大、最美好的和谐称作最大的智慧。任何过着一种理性生活的人都分享这种智慧，而缺乏这种智慧的人必定是酒囊饭袋，于城邦无补，只能起相反的作用。（3.689c）

　　在我们的一切法律中有一个目标，我们同意说这个目标的名称是美德。美德有四种，或者说美德有四个组成部分，其中最主要的是智慧。智慧应当成为其他三部分美德的目标，以及其他一切事物的目标。（12.963a）如果美德有四种类型，那么我们显然要承认每一类型本身都是一个整体。然而我们把四种类型全都称作美德。事实上，我们把勇敢称作美德，把智慧也称作美德，同样也把另外两种类型（节制、正义）称作美德，这就表明它们实际上并非几样东西，而只是一样东西。要指出这两种美德或另外两种美德在什么地方不同，为什么要有两个不同的名字是很容易的，但要说明为什么要给这两种美德或另外两种美德一个共同的名称（把它们都称作美德）就不容易了。（12.963d）你向我提问：为什么要用美德这一个名字称呼两样东西，然后又把它们分别称作勇敢和智慧？我的回答是：这两样东西之一，勇敢，与害怕有关。灵魂无须理智的推论而只需天性就可以获得勇敢，所以灵魂有理智或智慧。（12.963e）

　　要对一样事物拥有足够的知识，不仅要知道它的名字，而且要知道它的定义。（12.964a）在法律的制定者或监护者眼中，勇敢、节制、正义、智慧这些品质是最重要的美德。教师和立法者自身要拥有这些优秀品质,也要教育城邦公民拥有这些优秀品质。要使所有公民接受同一水平的训练和教育,特别要让城邦的卫士孜孜不倦地接受训练。(12.964b)一名完善的匠人或卫士不仅需要具备在多种事物中确定他的目标的能力,而且还要进一步达到对多中之一的认识,并用这种认识统摄其他一切细节。我们神授的体制的卫士们首先要准确地看到渗透在四者之间的同一之处,在勇敢、节制、正义、智慧中都能找到这种统一性,并用一个名字来称呼它们。这个目标是我们要加以凝视的,无论最后证明它是一还是全,或者既是一又是全。(12.965d)

第二节　论教育

教育的第一个定义:教育是培养年轻人参加社会生活所需要的技能训练活动,儿童通过游戏接受这种训练。这是培养儿童的正确方式,能使他的灵魂产生对这种他将要从事的职业的热爱,并掌握一定的专业技能。(1.643d)

教育的第二个定义:教育是有别于专业技能训练的美德熏陶。从儿童开始,这种熏陶使儿童产生强烈的愿望,长大以后要成为一名完善的公民,知道如何按照正义的要求去统治和被统治。(1.643e)要把技能训练这种教育与美德熏陶分开,只让美德熏陶保留教育的名称。而那些旨在获得金钱和使身体强壮的训练,乃至于旨在获得某些不受理性和正义指引的理智能力的训练,都应当视之为粗俗的、不高雅的,完全不配称作教育。(1.644a)

世上任何地方都不应当轻视教育,因为当教育和伟大的美德相结合的时候,教育是无价之宝。倘若教育出现腐败,但尚能加以矫正,那么这是每个人应当付出毕生精力来从事的工作。(1.644b)饮酒会使快乐、痛苦、愤怒、爱欲变得更加强烈,会使感觉、记忆、意见、思想变得模糊。如果一个人完全喝醉了,它们就会彻底离去。这个时候,喝醉酒的人会返回他童年状态,他的自我控制能力是最低的。(1.645d—e)由此看来,饮酒不利于教育。但是,饮酒有坏处也有好处,要给酒宴制定某种规矩。只要方式恰当,酒宴实际上是教育的保障。婴儿最先得到的感觉是快乐和痛苦。在儿童获得理智之前,快乐和痛苦的感觉在他的灵魂中萌发出来。美德就是理智和情感的协和。(2.653b)

教育的第三种定义:教育就是对成年以前的儿童进行正确的约束,用纪律规范儿童的快乐感和痛苦感,使之获得美德。(2.653c)

教育来源于阿波罗和缪斯。动物在运动中缺乏有序的观念,没有被我们称作节奏或旋律的那种感觉,而人被造就为有这两种感觉,能够享受它们。众神把节奏和旋律赐给人,激励人去运动,使人能够把唱歌与跳舞结合在一起。一个人没有参加歌舞队的训练,就是没有受过教育。各个城邦都要对文化、教育、娱乐立法,作者不能拥有无限的自由,歌舞队由守法公民家的少年儿童组成,编导不可任意地把他在创作时令他愉悦的任何节奏、曲调、话语教给他们,而不在意他对他们的善恶观会有什么影响。(2.654a—e)

教育的第四种定义:教育实际上就是把儿童引导到由法律宣布为正确的规矩上来,其正确性为最优秀、最年长的人的共同一致的经验所证明。儿童的灵魂学习感受快乐与痛苦,要与成年人为伴,在与成年人所经历的相同事物中习得快乐和痛苦。真正的立法者会对他们进行劝告,劝告无效就强迫。拥有诗人天赋的人必须创作他们应该创作的东西,用高尚精美的诗句来再现好人,用适当的节奏来再现好人的心怀,用优美的旋律来再现好人的节制。(2.660e)

教育的第五个定义:教育就是锻造灵魂,就像将铁投入火中,使之变得温顺合手。(2.666d)音乐和歌曲可以起到锻造灵魂的作用。雅典的歌曲有许多种类和类型:一种类型由对众神的祈祷组成,被称作"颂歌";还有一种类型可以称作"哀歌";"阿波罗颂歌"构成第三种类型;也还有第四种,被称作"酒神颂歌";还有另外一类歌曲称作"牧歌",这个词也经常出现在我们口中,人们也常称之为"弦歌"。一旦确定了这些歌曲的类型,就不能让人随便加以颠覆,用一种类型的曲调来创作另一种类型的歌曲。(3.700b)

立法者必须懂得判断音乐的标准并加以使用,惩罚那些违规者。比如,在剧场里嘘声、狂呼乱叫、欢呼与鼓掌,等等;受过教育的人把安静地聆听表演当作规则,而对那些孩子和他们的侍从,以及那些下等人,就需要有官员的权杖来维持秩序。(3.700c)还要严格控制作曲家。他们是天才,但对缪斯领域中的正确与合法却一无所知。他们充满无限的想象力和追求快乐的欲望,把哀歌与颂歌、阿波罗颂歌、酒神颂歌全都拼凑在一起;他们实际上还用竖琴模仿笛子的旋律,创造出一种大杂烩。他们的愚蠢行为使他们无意识地诽谤了他们自己的职业。(3.700e)

如果放纵听众的自由,就不能使他们明白艺术中的善与恶。这样做的结果是民主制的产生。如果它还限制在艺术范围内,是自由民的创造,那么不会有什么大害。但若音乐成为对普遍知识的总的欺骗和对法律以及追随其后的自由的藐视,那么就会带来极大的危害。(3.701a)首先,人们会变得不愿服从权柄;然后,他们拒绝服从父母和长者的训诫。当他们沿着这条放荡的生活道路疾步前行时,他们试图摆脱法律的权柄;在快要抵达道路的终点时,他们会藐视誓言、诺言和一般的宗教。到了这个时候,人类又会退回到地狱般的处境,充满无止境的悲哀。(3.700b)

要通过指导和告诫来要求人们高度重视儿童教育,但无法制定大量的具体规定。(7.788a)

如果一种教育可以称得上是正确的,那只是说它能够使我们的灵魂和身体尽可能地完善和卓越。一个人若要长得格外俊美,那么从小就要让他尽可能挺直腰板。(7.788e)聪明人注意到,摇晃和震动对所有身体都有益,无论是它们自己运动,还是被船只载着晃动,或者骑在马上摇晃,或者其他种类的身体被迫运动。就这样,身体吸收了固体或液体的营养物,生长得健康而又美丽,更不必说强壮了。(7.789d)所以,孕妇应当多走路,孩子出生以后要塑造婴儿的身体,就像制作蜡像,要趁蜡还柔软的时候进行,头两年要用襁褓包裹婴儿;保姆不得把婴儿带往乡间、神庙、亲戚家,直到孩子可以自己站立为止;哪怕到了这种时候,保姆也要坚持抱着孩子,不宜过早让孩子独立行走,以免让孩子的肢体受到伤害;保姆应当尽可能强壮,保姆的人数要充足。(7.789e)

让我们使用同样的方法解释如何塑造婴儿的人格。在身体上和心灵上对所有婴儿进行抚养,要日夜不停地让它们运动,这样做是有益的,只要能做到,就应当不停地摇晃它们,就好像它们永远生活在海上，生活在甲板上。但由于这是不可能的，我们必须为我们的新生婴儿提供最接近这一理想的办法。(7.790d)惊吓是灵魂的某些病态。(7.791a)自幼经受这种惊吓的心灵最有可能养成胆怯的习惯。这种办法是在培养胆怯，而不是在培养勇敢。必须承认还有一个与此相反的过程，也就是在惊吓和恐惧产生时对其进行控制，这种对勇敢的培养需要终生进行。(7.791b)鼓励儿童养成温和的脾气将会在道德品质的发展中起主导作用，而暴躁的脾气则会促使邪恶的产生。(7.791c)娇宠儿童会使他们的脾气变得暴躁、乖戾，有一点儿小事就闹别扭，但若用相反的态度，非常严厉、非常霸道地对待他们，则会使他们没精打采、低三下四、闷闷不乐，使他们不适宜与他人交往，不适宜参与公共生活。(7.791d)

如果我们雇佣聪明人抚养正在成长的孩子，让他们在头三年中全都避免这种困顿、惊惧的经验，尽可能远离痛苦本身，那么在这段时间里成长起来的灵魂一定会充满快乐和仁慈。(7.792b)正确的生活道路既不是追求快乐，也不是无限地避免痛苦，而是想要达到一种中间状态，这就是我刚才用的"仁慈"这个词，我们全都有可能借助神谕的力量把这种状态归于神本身。像神一样的人必定会追求这种心灵习惯，他肯定不会不顾一切地追求快乐，也不会忘记自己要经历一份痛苦，我们也一定不要让他承受他人的痛苦。(7.792d)

到男女儿童长到三岁以前，要让他们一丝不苟地服从指令，这样做首先会给我们的抚养工作带来许多好处。到了三岁，以及三岁以后，四岁、五岁、六岁，对这些年龄的儿童来说，玩耍是必要的，因此我们先前的悉心照料和严厉惩罚可以放松一些。至于儿童们玩的游戏,自然本身在儿童的这个年龄就会告诉他们有哪些游戏可玩,他们只要待在一起,自己就会发明游戏。(7.793d)男女儿童满六岁以后就要分开,男孩与男孩在一起,女孩与女孩在一起,分别学习他们自己的课程,男孩子要学习骑马、射箭、投掷,女孩子如果愿意的话也可以学,但最重要的是学习使用长枪和盾牌。(7.794d)

儿童游戏会严重影响到立法,乃至于决定已经通过的法律能否生存。如果你们控制儿童游戏的方式,保证相同的儿童总是以相同的方式做同样的游戏,从同样的玩具中得到快乐,那么你们会发现成年人生活中的习俗也应当和平地加以保存而不得更改。但由于儿童的嗜好是无限多样的,不断波动的,因此儿童游戏总是会有新的变化和新的花样。如果不规定儿童的游戏类型,不依据游戏的情况或所使用的玩具来确定判断游戏好坏的标准,那么发明和引进新游戏的人就会受到特别的尊敬,我们把这些人称为城邦的害人虫丝毫也不为过。这样的人在你们背后不断地改变着年轻人的性格,唆使他们藐视古老的习俗,崇拜新颖的东西。我要再说一遍,对一个城邦来说,没有比这种语言和观念更危险的东西了。(7.797a—c)

变化是极端危险的。这对季节和风向来说是真的,这对身体的养生和灵魂的品性来说也是真的。简言之,一切变化毫无例外都是危险的。(7.797d)

同样的事情在人的理智和灵魂中也会发生。人们生来就处于某种法律体系之下,而这种体系又在某种幸福的神旨保佑下长期稳定不变,因此没有人记得或曾经听说过有某个时代的事情与他们自己所处的时代不一样,他们的整个灵魂充

满着敬畏,不敢对已有的东西做任何改革。(7.798a—b)

人们全都以为儿童玩耍中的新花样只是一种游戏,而不把它看作一种最严重的、最可悲的罪恶的源泉,而实际上它确实是罪恶的源泉。因此,人们并不想方设法去阻止这种改变,而是一边抱怨一边听之任之。他们从来没有想到,这些玩新花样的儿童将来一定不可避免地会成为与从前时代不同的人,儿童身上的变化会诱使他们去寻求一种不同的生活方式,追求一套不同的体制与法律。没有一个人想到由此带来的显著后果,因此我们刚才称之为共同体的最大不幸。其他方面的变化若仅仅是外在的,那么其后果当然不那么严重,但若对道德准则进行频繁的修正,则是一种最大的变化,需要我们认真防范。(7.798b—d)

教育在我们看来是最重要的活动。所以,我们每个人应当在和平中度过一生中的大部分时间,这是对时间的最佳使用。一个人应当在"游戏"中度过一生,献祭、唱歌、跳舞,由此获得众神的恩宠,得到神的庇佑,在战争中征服敌人。(7.803e)

迄今为止,我们已经在城市中心的三个建筑群里安排公共体育馆和公共学校;同样,在城郊的三个地方也有训练场地,有开阔的骑马场,有练习弓箭和标枪的场地,年轻人在这里可以练习这些技艺。让我们现在用法律的形式来表现我们的要求。(7.804c)在这些科目中要雇用外国教师,让学生能够学到完整的军事和文化课程。教育对"每个男人和男孩"都是强制性的,因为是他们首先属于国家,而他们的父母其次。(7.804d)

这条法律同样也适用于女孩。女孩也必须接受和男孩一样的训练。在我们现有的各种城邦制度中,几乎每个城邦都可以发现自己只是半个城邦,而在探险和处理麻烦时它们要付出的代价是相同的。这对立法者来说是一种多么令人吃惊的景象啊!(7.805b)在教育和其他所有事情上,女性要尽可能与男性合作。(7.805d)立法者在立法的时候应当完全彻底,不能半心半意,一定不能在为男性立法之后,就把另一种性别的人当作放荡奢侈生活的工具和取乐的对象。这样做的结果必然会使整个城邦的幸福生活只剩下一半。(7.806c)

要对教育立法,规定儿童开始学习的时间。书写对孩子来说是适宜的,如果从十三岁开始学七弦琴,那么花三年时间也就足够了。无论孩子本人和他们的父母喜欢还是厌恶这些学习,都不能延长或缩短规定的学习时间,延长或缩短学习期限是违法的。(7.809e)孩子们必须学习字母,直到能够阅读和书写,但若在规定的时间内这方面的进步比较缓慢,那么就要促使他们加快学习进程,尽快达到完善的地步。(7.810b)

由于作家既能创作大量的优秀作品,也能创作大量的垃圾,所以不能任由孩子广泛涉猎,而要做出规定,什么材料所有孩子都可以学,什么材料所有孩子都不能学。(7.811b)教师好比学习中的教练员。教育官员要按照既定的方针路线去监督执行。(7.812e)

教育中有三门相关的学科:第一,计算和对于数的研究;第二,线段、平面、立体的测量;第三,天体的轨道运动及其相互关系。一般的公众不可能详尽地学习这些课程的每一个细节,只有少数挑选出来的人进行这样的学习。对大众来说,学习如此之多的必要课程是恰当的,我们确实可以说,一个普通人要是不知道这些内容是可耻的,尽管要学习这些课程非常艰难,或者说实际上不可能研究它的每一个细节。(7.817e——

7.818a)

若有人以为这些知识对想要知道一切学问中最高尚知识的人来说并非不可或缺，那么这种想法极端愚蠢。要学习哪些知识部门，学到什么程度，在什么时间开始学，哪些学问要和其他学问一起学，哪些可以单独学，如何使这些学问形成一个整体，这些问题是我们首先要加以确定的。然后我们才可以在这些学问的指导下研究其他学问。这是一种自然的秩序，具有我们所说的必然性，没有任何神会反对或将要反对这种必然性。(7.818d)

第三节　论政治

古代传说中包含着真理。人类曾经反复多次被灭绝，由于大洪水、瘟疫，以及其他许多原因，只有极少数人幸存。大洪水造成了严重的后果。当时能躲过这场灾难的那些人都是山里的牧人，他们在山顶上，成了人类仅存的余烬。这样的人肯定没有掌握什么技艺，不懂人情世故。尤其是，他们不懂那些城里人使用的竞争技巧，也不明白城里人相互之间钩心斗角，搞阴谋诡计。他们的所有工具都被毁灭了，他们在政治或其他任何领域中作出的任何有价值的发现也都完全佚失。由此带来的结果就是，数百万年以来的技艺对这些原初的人来说都是未知的。然后，大约一两千年以前，希腊人有了各种发明，这些就好像是昨天和前天发生的事。赫西奥德①很久以

① 赫西奥德，古希腊诗人，约公元前 8 世纪，著有《工作与时日》《神谱》。

前就在他的长诗中预言了这种发明。(3.677a—e)

就是从这样的处境中,我们今天生活所具有的各种特点发展起来:国家、政治制度、技艺、法律、猖獗的邪恶、惯常的美德。(3.678a)首先,人们的孤独促使他们相互珍视和热爱。其次,他们不必为了获取食物而发生争吵。少数人在最初某个阶段可能会有短缺,而那个时代的大多数人不会缺乏畜群。他们总能得到奶和肉的供给,还能通过打猎来添加优质的肉食。他们还有充足的衣服、被褥、房屋、烹饪或其他用途的器皿。由于这些原因,他们并非处于无法忍受的赤贫,也不会由于贫困而相互纷争;可以假定他们也不会变得很富裕,因为他们普遍缺乏金银。既不贫困又不富裕的共同体通常会产生优秀的品性,因为暴力和犯罪的倾向、妒忌的情感都还没有产生。所以,这些人之所以是好的,部分是由于这个原因,部分是由于我们说的他们那种天真。缺乏这种老于世故阻拦着你们今天可以看到的玩世不恭:他们把他们听说的关于众神和凡人的学说当作真理来接受,并且按照这种学说来生活。(3.679a—c)

在那个时代,法律还不是一个普遍现象。在世界循环的那个阶段出生的人还没有任何书面记载,他们生活在顺服之中,接受习俗和"祖先的"法。但这已经是一种政治体制了。(3.680a)

这种体制和位于其后产生的体制实际上是四种类型的城邦:

(1)单一家族,处于独裁制统治下。每个人都会把这个名称用于那个时代的政治体制。在今天世界的许多部分,你仍旧能够发现它,既在希腊人中间,又在非希腊人中间。

（3.680b）

大灾难发生以后，这些人以家庭为单位分散在各处居住，拥有自己的家宅。在这样的体制中，最年长的成员凭借从他的父母那里继承下来的权力进行统治；其他成员服从他的领导，形成一个群体，就像鸟一样。这些成员顺服的权柄就是他们的家长制；他们实际上受到所有形式的王权中最公正的形式的统治。（3.680e）

（2）多个家族，处于贵族制统治之下。下一步便是若干个家庭聚集在一起，形成了较大的共同体。他们开始把注意力转向农业，起初在山坡上种植，建造了石头围墙，用来防范野兽，保护自己。其结果就是现在这种统一体，形成一个共同的家园。（3.681a）随着这些最初相对较小的家庭成长为较大的家族，每个小家庭都在它自己的统治者的领导下生活，遵循它自己在与其他家庭相互隔离的时代产生的习俗。人们变得习惯的各种城邦的和宗教的标准反映着他们的祖先和教师的偏爱；祖先越拘谨或越冒险，他的后代也会越拘谨或越冒险。由此，每个群体的成员进入了较大的有着专门法律的共同体，准备用他们自己的偏好影响他们的子女，影响他们子女的子女。（3.681b）下一步必定是在这个联合体中选择一些代表来考察所有家族的统治，公开向这些民众的领袖和首领建议，也就是国王采纳那些普遍使用的规矩。这些代表就是所谓的立法者，通过任命首领作为官员，他们从独裁制中分离出一种贵族政制，或者也许是王政。在这种政治体制发生转型的时期，他们自己会监管这个国家。（3.681d）

（3）平原上的多个城市结合，比如特洛伊城邦，各种体制并存。第三种类型的政治体制实际上接受所有政治体制及

其变形,在其发展的实际阶段也会展现多样性和变化。(3.682a)

(4)诸城邦的联盟。我们观察了第一种、第二种、第三种类型的城邦,它们在一个漫长的时期内相继产生,现在我们要发现这第四种城邦,追溯它的历史基础和后来的发展,直至今日它的成熟状态。(3.683b)假定有三个王族统治三个王国,各自按照相互缔结的法律交换誓言,它们采用这些法律来规范权柄的行使,并且服从它。国王们宣誓,只要国家能够延续,决不强化他们的统治;其他人则承诺,除非统治者一方与之讨价还价,否则决不推翻王权,也不宽恕其他人的类似企图。如果受到侵犯,国王会帮助国王和民众,民众也会同样帮助民众和国王。(3.683b)在三个这样建立起来的城邦里,由国王或由其他人为这种政治体制制定法律,最重要的条文。(3.684b)他们的立法者努力在他们中间建立某种财产平等,而在其他城邦经常会由于财产问题对某人产生特别的伤害。设定一部法典正在起草,某个人想在其中添上一项改变土地所有权和取消债务的条款,因为他看到这是能够满意地取得平等的唯一方法。(3.684d)

要使城邦尽快得到有效的政治体制,使城邦过上一种极为幸福的生活,独裁者必须具有一种内在品质。(4.710b)要有一位独裁者,这位独裁者要年轻一些,他要有好记性,能很快地学习,要非常勇敢,要有高尚的品性。(4.710c)他应当是一位杰出的立法者的同时代人,能相当幸运地与立法者接触。如果这个条件满足了,神就会像通常那样,把大量的恩惠赐给这个城邦。(4.710d)独裁制是最理想的起点,第二好的是君主制,第三好的是某种民主制,寡头制列在第四位,因为它有很多掌权的人,所以要在其中形成一种新秩序会很困难。(4.710e)独裁者想要改变城邦的道德风尚并不费力,也不需要很长时间。他只需要沿着他所希望走的道路前进,敦促他的公民以他自己为榜样,给公民们画一张完整的道德蓝图;他必须赞扬某些行为,批评另外一些行为,在每一行为领域,他必须看到任何不服从的人都要受到斥责。(4.711b)城邦要改变它的法律,没有比服从掌权者的领导更快捷、更容易的方法了。(4.711c)

按照世代传承的故事,在那个幸福的时代,各种生活用品的供应极为丰富,从不短缺。其原因据说是这样的。克洛诺斯非常明白,人的本性充斥傲慢和不公正,要想完全控制所有凡人的事务决无可能。克洛诺斯记住这一点,给我们的城邦任命国王和执政官;他们不是人,而是精灵,属于比人更加神圣和优秀的种族。这位神出于对人类的仁慈,指派精灵这个较高等级的种族来监管我们,为了我们的方便,他不厌其烦,赐给我们和平与怜悯、健全的法律和充足的正义,还有人的家庭内部的和谐与幸福。(4.713c)

一个共同体如果不是由神来统治,而是由人来统治,那么其成员就不可能摆脱邪恶和不幸。我们应当竭尽全力再造克洛诺斯时代的生活,应当规范我们的私人家庭和公共城邦,使之服从我们中间的不朽成分,并把法律的名称给予这种理智的约定。但若一个人、一种寡头制,或者一种民主制,用它自己的灵魂关注自己快乐、激情和欲望的满足,那么这样的灵魂无法自制,会被长期的、贪得无厌的疾病所控制。当这样的人或体制把法律踩在脚下,对个人或城邦发号施令,那么一切获救的希望都消失了。(4.713e)

在人类城邦的净化方面,情况是这样的。净化城邦有许多种方法,有些比较温和,有些比较激烈。有些方法可以让同时作为独裁者和立法者的那个人来使用,但若一名创建新城邦和新法律而又较少拥有独裁权力的立法者能够用最温和的方法来达到净化的目的,那么他会感到很满意。最好的办法就像最有效力的药,它是痛苦的,通过正义与惩罚的结合来达到矫正的效果,而最严厉的惩罚就是死刑或流放,通常用来清除城邦中最危险的成员,那些重大的罪犯,无可救药的冒犯者。比较温和的净化方法我们可以这样描述:有些人由于缺乏生存手段而准备追随他们的领袖参加杀富济贫的战斗,这种人被立法者视为国家的大患,立法者会尽可能善意地把他们送往国外。(5.735d)

理想的城邦和国家,最好的法典,就是古谚所说的由朋友共享的财产。假如世上现在有这样的城邦,或者以往曾经有过这样的城邦,或者将来会有这样的城邦,妻子、儿女,以及一切财产公有,假如用某种方法消灭了我们生活中用所有权这个词来表示的一切事物,假如用一切可能的办法使我们天然拥有的东西都成了某种意义上的公共财产,假如我们用来看、听、做的眼睛、耳朵和双手都服务于公共事务,假如我们都能完全一致地表示赞同或表示谴责,从同样的源泉中产生快乐与痛苦,简言之,假如一种城邦体制使其成员变得完全像一个人,那么我们再也找不到比这个标准更真实、更好、更能衡量他们品质的标准了。假定在某个地方有这样的城邦,那么这个城邦的居民是众神或众神的子孙,他们在那里过着无比幸福的生活。(5.739c—d)

我们全都同意一个人应当拥有最优秀的、最可靠的奴隶,

毕竟,奴隶经常证明在各方面比我们自己的兄弟或儿子要优秀得多,他们经常保护主人的生命、财产和家庭。(6.776d)

对奴隶的相反看法同样也很普遍,比如说奴隶的灵魂是腐败的,聪明人决不能相信所有奴隶。(6.776e)每个人对这个问题都有不同的看法,各执己见。有些人不相信作为一个阶层的奴隶,把他们当作动物来对待,鞭笞他们。(6.777a)

人这种动物是变化无常的,所以要把人明确地分为奴隶和作为自由人的奴隶主,不是一件容易的事,而出于实际的需要,这样的分类又是必要的。因此,奴隶是一只难以掌控的野兽。频繁发生的奴隶造反,还有那些奴隶的城邦,那里的人们讲同一种方言,这表明这种制度是邪恶的,更不必提意大利的海盗船所进行的各种掠夺和冒险了。我们确实只有两个对待奴隶的方法:一是不让那些安分守己的、驯服的奴隶聚在一起,也尽可能不要让他们全都讲一种语言;二是恰当地对待他们,为他们多做些考虑。(6.777d)

我们并不是认为当奴隶该受惩罚时也不惩罚他们,也不是认为可以娇纵他们,不需要用我们对自由人使用的那种办法来告诫他们。我们对奴仆使用的语言应当是简洁的命令,而不应当是男女之间使用的那些熟悉的开玩笑的话,然而有许多主人在对待他们的奴隶时使用这种方式,表现得极为愚蠢,因为对奴隶的娇宠会马上使得双方的关系变得很难受,对顺从的奴隶来说是这样,对下命令的主人来说也是这样。(6.777e)

第四节 论法律

有多少政治体制就有多少不同的法律。这个问题其实非常重要。立法不应当以战争或取得全部美德为指向,而应以保护已经建立起来的政治体制的利益为指向,无论这个体制是什么,它决不能被推翻,而要努力长治久安。(4.714c)

当公共职位充满竞争的时候,胜利者会彻底接管城邦的事务,会完全否定失败者及其后裔,不让他们分享任何权力。一个党派监视其他党派因妒忌而策划的叛乱,因为叛乱者认为取得职位的那些人过去作恶多端。这样的城邦,我们当然不会把它视为法治国家,就好像法律若不是为了整个共同体的共同利益,就不是真正的法律一样。我们说,只为一个党派做事的人是党派分子,而不是公民,他们所谓的公民权利是空洞的陈词滥调。我们这样说的理由是,你我都不愿把你们城邦中的职位授予那些只为自己财富打算,或只为自己占有某些利益的人,比如膂力、地位或家庭。我们认为,绝对服从已有法律的人才能对其同胞取得胜利,我们只能把众神使臣的工作交给这样的人,让他担任最高职位,次一等的职位则通过竞选产生,其他职位也同样通过有序的选拔来确定。我刚才把权力称作法律的使臣,这样说并非为了标新立异,而是因为我深信城邦的生存或毁灭主要取决于这一点,而非取决于其他事情。法律一旦被滥用或废除,共同体的毁灭也就不远了;如果法律是政府的主人,政府是法律的奴隶,那么整个世道会充满应许,众神对城邦的赐福就会到来,人们将享有各种幸福。(4.715a—d)

按照古老的传说,一切事物的开端、终结和中间,掌握在神的手中;事物在自然的循环中运动,走向终结,沿着正确道路前进的事物比背弃神的法则的事物更加正义。以卑微、恭敬的态度密切追随神的法则的人是幸福的,而那些空洞自傲的人,例如为财富、等级、年轻、美貌而感到自豪,陷入荒淫的火坑,既不接受他人管教又不要他人指导,反而要去指导别人,这样的人就会遭到神的离弃。这样的人被离弃后会聚集他的同类,用疯狂的行为制造混乱。在有些人眼里,他似乎是个伟大人物,但要不了多久,他就会无限制地修改正确的东西,毁灭他自己,毁灭他的家庭,毁灭他的国家。(4.715e—4.716b)

"神是万物的尺度"这句话所包含的真理,远远胜过他们所说的"人是万物的尺度"。你们要想使自己成为具有这种品性的人,就要尽力使自己的品性像神,按照这一原则,有节制的人是神的朋友,因为这样的人像神;神不喜欢我们中间无节制的人,因为这样的人与神相异,是神的敌人。(4.716c)

把我们的时间花在争论法律条文的冗长和简洁没有什么意义;我们应当看重的是法律的质量,而不是它的简洁或冗长。我们刚才提到的一种法律在实际使用中与另一种法律相比,具有双倍的价值,但这还不是它的全部;我们刚才说过,两种医生的比喻是非常合适的,与两种类型的法律完全平行。然而,立法实际上有两种工具可用,这就是说服与强迫,如果民众缺乏教育,那就可以同时使用这两种方法。权柄在立法中决不会掺和说服的方式,它们的工作完全依靠强迫。(4.722a)

对每一种事物的讨论和口头表达都有它的前奏和预备性的内容,我们可以说这些预备性的内容为将要进行的研究提供了一种有用的、方法上的序曲。而在真正的"法规"中,我们称之为"管理性的",没有人会那么在意序曲这个词,或者创作序曲,公之于世。(4.719e)法律有两种成分:"法律自身"和"法律的序言"。序言就像演讲的开场白。立法者为什么要说这些完全是说服性的话语,在我看来,其中的原因显然是为了使民众接受他的法律,愿意学习法律。由于这个原因,如我所见,这种成分应当恰当地被定义为法律的前奏,而不是法律的"文本"。(4.723a)所有法律都有它们的序言,立法的第一项工作必须是给法典的每个组成部分的文本撰写序言,并加上恰当的介绍,因为它要发布的公告是重要的,这些话要能被人们清楚地记得,这一点具有重要意义。(4.723c)

这种制度介于君主制与民主制之间,通过选举产生。奴隶和他的主人之间决不会有友谊,卑贱者和高尚者之间也不会享有同样的荣耀;以平等的方式对待不平等的对象,如果不用特定的比例来加以限制,就会以不平等的结果而告终;这两种情况事实上就是产生内乱的丰富源泉。有句古谚说得好,平等产生友谊。这条公理是非常合理的,但它没有清楚地说明什么样的平等能产生这种效果,如果对此模糊不清则会给我们带来浩劫。事实上,在同一名称下有两种平等,它们在大部分情况下产生的结果相反。一种平等是数量和尺度的平等,任何城邦和立法者都可以用抽签的方法简单地规定各种奖励,但是真正的、最优秀的平等很难用这种方法获得。对人世间的公共和私人事务,哪怕是宙斯给予的奖励也只能产生恩惠,不能产生平等。它会使强者更强,弱者更弱,因为赐予要适合两种承受者的真正性质。尤其是授予两部分人的荣耀要合理,对高尚的人要授予较大的荣耀,而对与之相反的人则要授予与其相对应的荣耀。(6.756e—6.757c)

这种纯粹的正义也总是体现在政治体制中。我们必须以这种平等为目标,在建设我们新生的城邦时一定要注意这种平等。如果有其他人能找到这样的城邦,那么他们也会抱着同样的目的立法,不是着眼于少数独裁者或某个独裁者的利益,也不是着眼于富人对城邦的主宰,而是着眼于用正义去消除各种各样的不平等,这种正义在刚才的解释中就是一种真正的平等。然而,一个城邦作为一个整体,为了避免它的各个组成部分之间的分裂,在使用这些标准时毕竟也要做某些限制。平等和放纵总是在违反一种绝对完善的正义的统治。事实上,就是由于这个原因,必须使用某些抽签的平等来避免民众的不满,尽管当人们用这种办法处理最正义的事情时应当祈求神的保佑和好运的指点。所以,尽管环境的力量迫使我们应用两种平等,但我们应当尽可能少使用第二种平等,因为这种平等的实现诉诸好运。(6.757c—6.758a)

我们并非具有制定法律的义不容辞的责任。我们可以对政治理论的各个要点进行自由的思考,去发现怎样才能取得最佳效果,或者发现不可缺少的、最低限度的法律是什么。在当前的讨论中,我们可以根据自己的意愿自由地追问最理想的立法是什么,或者最低限度的不可缺少的法律是什么。(9.858a)我们的城邦里存在着大量的由各式各样的作者写出来的文献,而立法者的文献仅仅是其中的一部分。(9.858c)在众多作者中,只有立法者才能就美德、善行、正义向我们提建议,告诉我们它们是什么,为什么必须养成这些品质才能拥有幸福的生活。(9.858d)

人们为自己制定法律,并且以此规范自己的生活,这一点至关重要;否则的话,他们与最野蛮的野兽无异。其原因如下:无人拥有充足的天赋,既能察觉对处于社会关系中的人们有益的事情,又能够在实践中最佳地运用这种知识。第一条困难是,真正的政治技艺的恰当对象不是个人的私人利益,而是共善,要明白这一点很难。共同的利益使城邦组合在一起,而个人则是城邦的破坏因素,因此,公共的幸福生活应当优先于私人的幸福生活加以考虑,既有益于共同体又有益于个人。第二条困难是,即使有人对这个原则有了清楚的认识,视之为科学理论的基本要点,但若他处于不负责任的独裁君主的地位,那么他决不会忠于他的信念,或竭尽全力终生改善国家的公共利益,他不会以此为首要目的,将个人利益放在第二位。他那意志薄弱的人性总是在引诱他扩大自己的权力,寻求自己的利益,他必然会尽力避苦求乐,把这些东西作为目标置于公正和善良之前,这种源于他自身的盲目必将使他沉沦,使他的国家也和他一道堕落在毁灭的深渊中。如果有人在神的怜悯下生来就有能力获得这种认识,那么他并不需要法律来统治自己。没有任何法律或法规有权统治真正的知识。让理智成为任何生灵的附属物或仆人是一种罪恶,它的地位是一切事物的统治者,只要理智确实是真正的、自由的,它也必须是真正的和自由的。然而,除了某些已经衰退了的遗迹,这种洞见在任何地方都找不到了,因此我们只好退而求其次,诉诸法律和法规。(9.874e—9.875d)

第五节　论宗教

关于公开或秘密地使用暴力抢劫神庙,我们已经作了具体的规定。我们现在要决定对用言语或行动侮辱神灵的人应当给予什么样的惩罚。但我们的立法者首先必须向他们提出如下忠告:凡是服从法律而相信神的人,决不会故意作出渎神的行为或发表不法的言论。凡是有这种行为发生,必定出于下列原因之一:要么他们不相信神存在;要么他们相信神存在,但认为神不关心人类的事务;要么他们认为,即使这些神灵关心人事,人们也很容易用牺牲和祈祷来哄骗他们。(10.885b)

要说明众神的存在似乎很容易。只要想想大地,想想太阳、星辰和一切事物就可以了!还有奇妙的季节更替和年月!此外,全人类,希腊人和非希腊人,事实上全都相信众神是存在的。(10.885e)我们国家的文献中讲述过众神的故事,这些文献有些是用韵文写的,有些则用散文。这些文献中最古老的故事说,天是最原始的真正的存在,等等。以此为起点,这个故事稍后讲到了众神的诞生,以及他们相互之间的品行。由于这些故事非常古老,我们现在很难决定这些故事对于听众来说到底是好还是不好,有没有其他方面的作用,至于这些故事能否在听众中培养出尊敬父母的品格,我敢肯定人们决不会把这些故事赞扬为有益于身心健康的,也不会说这些故事是真实的。我们可以不再谈论这些古老的故事,而其他人要是愿意谈,则随他们的便。但我们必须用现代人的理论来解释由众神造成的不幸。这两方面一结合就产生了这样一种效果。当你我提出关于众神存在的证据,并且确信日月星辰是神或具有神性时,反对这些故事的人就会提出反驳说,无论你们如何雄辩地使用那些空洞的言辞,它们都只不过是土石罢了,不可能关心人事。(10.886b)这种理论非常可怕。我们必须面对这种无神的观点,从而保护我们那些与此相关的法律。(10.887a)坚持众神存在,坚持众神是善良的,尽力说服人们相信和敬重众神,这是我们头等重要的大事。我们要无保留地使用我们拥有的才能,竭尽全力去完成这个任务。

（10. 887b）

如果无神论的学说没有广泛流传,没有弄得全人类都知道,那么就没有必要用论证来捍卫众神的存在;但是由于无神论的观点已经广为流传,所以就有必要进行论证了。（10. 891b）一些忙于研究自然的人提出这种学说,认为不虔诚者的灵魂是一种产物,使一切事物产生和消灭的最初原因不是最初的,而是第二位的,而那第二位的原因反倒是最初的。于是他们就在众神的真正存在这个问题上陷入了谬误。（10. 891e）

灵魂是一切事物的本性和力量,但大多数人对此一无所知;在这种普遍无知中,他们尤其不知道灵魂的起源,不知道灵魂在那些最初的事物中是头生的,先于一切形体和使形体发生变化和变异的最初根源。由于灵魂本身先于身体,所以一切与灵魂同类的东西也必定先于形体一类的东西。（10. 892a）所以,判断、预见、智慧、技艺、法律,一定先于硬和软、重与轻。那些伟大的最初的作品是技艺的产物,有理由被称作原初的作品;而那些自然的产物,还有自然本身,是第二位的,是从技艺和心灵中产生出来的。（10. 892b）自然这个词的意思是位于开端的东西,但若我们可以说明灵魂先于自然出现,灵魂既不是火也不是气,而是位于开端的东西,那么我们完全可以正确地说,灵魂的存在是最自然的。（10. 892c）

运动有两类:第一类运动的运动者通常使别的事物运动,但它自身并不运动;第二类运动的运动者通常使自己运动,也使其他事物运动,就好像结合与分离的过程中发生的运动一样,这样的运动通过增长或减少,或者通过生成或灭亡来进行,灭亡亦即失去存在。（10. 894c）

有些事物运动,有些事物静止。处于运动中的动者和处于静止中的静者一样,都位于某一空间。有些事物在一个位置上运动,有些事物在不止一个位置上运动。在一个位置上运动的事物就是那些中心不动的运动着的事物,就好比陀螺的旋转。在这种旋转中,运动的物体会同时呈现出最大的圆圈和最小的圆圈,把它自身合乎比例地划分,呈现出较大的和较小的部分。在几个位置上运动,指的是位移,物体每一刻都在改变位置。有些时候运动中的物体有一个支撑点,有些时候,在滚的情况下,有不止一个支撑点。在运动中物体会相互发生碰撞,静止物体受到运动物体的撞击,形成新的结合,那些最初的成分之间也就是这样形成复合物的。结合使复合物增大,而分离则使复合物变小,除非原先的物体仍旧保持着它的构成。如果物体不能保持它的构成,那么结合与分离都会引起化解。普遍发生的生成显然是从某个起点开始获得增长,然后进入第二步,然后又进入下一步,通过这三步,生成就可以被感知者察觉了。事物的生成,靠的就是这样的运动变化和变形,只要这种情况在持续,它就拥有真实的存在。当事物的构成发生了改变,变得和原来不一样了,那么原来那个事物也就完全毁灭了。(10.893c—10.894a)可以把通常既能使其他物体运动,而它本身也被其他物体推动的这种运动形式列为我们运动形式中的第九种。还有的物体自身运动,也使其他物体运动,在一切物体主动和被动的运动形式中都可以看到这种运动,称之为一切存在的变化与运动是正确的,这种形式可以列为第十种。(10.894c)

希望、思考、预见、建议、判断、真或假、快乐、痛苦、希望、恐惧、仇恨、热爱是灵魂运动的名称。灵魂用这些运动推动着一切事物。然后它们又带来了第二类运动,即物体的运动,以及与这些物体相伴随的性质,热与冷、重与轻、硬与软、白与黑、干与湿,等等,以此指引着一切事物的增加和减少,分离与结合。智慧是灵魂的助手,借助这些工具和它的所有工具,灵魂使一切事物达到正确与快乐的境地,但若愚蠢成为灵魂的伴侣,那么结果就完全相反了。(10.897a)

如果整个天穹的路径和运动,以及其中的所有天体,也像智慧一样具有运动、旋转、计算的性质,并且是在灵魂之后开始运动的,那么显然可以说,为宇宙作预见并指导着宇宙沿着这条道路运动的是至善的灵魂。(10.897a)

智慧的运动与物体的运动形式相似。我们确定有些事物运动,有些事物静止,有些事物在一处运动,有些事物在不止一处运动。在这两种运动类型中,限制在一处运动的类型必定在各种情况下都围绕一个中心,就像一个运转良好的车轮,这种运动必定与理智的旋转最接近,最相似。(10.898a)如果理智和在一处进行的运动都像一个造得很好的球那样旋转,围绕一个中心在一个范围内有序一致地运动,那么理智在某种意义上也就是按照一个单一的法则和计划运动,(10.898b)还有,不规则或不一致的运动、不限制在某个范围内的运动、没有同一中心的运动、不在一处进行的运动、没有秩序和计划的运动,这些运动与各种愚蠢相似。(10.898b)

灵魂在指引一切事物旋转,使宇宙得以有预见地、有序地运行的灵魂要么是至善,要么是至善的对立面。(10.898c)由于灵魂指引着太阳的运动,因此我们说灵魂必定以下列三种方式之一行事:灵魂要么居住在这个可见的圆的物体中,如同带着我们到处运动的灵魂一样带着太阳运动;要么像有些人认为的那样,这个灵魂自己有一个身体,由火或气组成,灵魂用自己的身体猛烈推动那个物体;要么这个灵魂是赤裸裸的,是没有身体包裹的,它用其他某种神奇的力量做着这项工作。(10.898e)

神性问题是最突出的。我们要让所有人都明确知道众神的存在以及它们的表现,这对我们来说是极为重要。(12.966c)有一种学说认为,如果天体没有灵魂,因此也没有理智,那么它们决不可能如此精确地运动。也有人大胆地猜测天体的真实情况,断言使整个宇宙有序排列的是心灵。但这些思想家在灵魂问题上误入了歧途,他们认为身体在灵魂之先,而非灵魂在身体之先,他们的错误就在于把整幅图景弄颠倒了。因为,用一种近视的眼光看,所有运动着的天体好像都是石头、土块和其他无灵魂的物体,尽管它们是宇宙秩序的源泉!正因如此,那个时代的思想家受到过许多指责,说他们不信仰宗教,他们的看法也不为民众所知,以后那些天才的诗人们谴责哲学家,把他们比作狂犬吠月,胡言乱语,但是我说了,今天的情况已经颠倒过来了。(12.967b)

没有任何一个凡人的儿子能平息对神的恐惧,除非他已经掌握了我们现在肯定的两条真理:灵魂无限地先于一切有生成的事物,灵魂不朽并支配着这个物体的世界;还有,我们已经讲过多次的心灵支配着一切天体。他也还要拥有预备性的科学知识,以音乐为桥梁连接这些科学知识,并且把他的知识运用到他的道德和法律行为中去;他也还要能对自己接受的观点作出合理的解释。不具备这些才能,只拥有通常的美德,就决不可能成为一个国家的合格的执政官,而只能成为执政官的走卒。(12.967d)

第五章　法律条文

在"完成了对法律作序言式的解释"(5.738d)以后,雅典人说要"用提纲或轮廓的形式完成我们的玛格奈昔亚法典"。(8.848d)玛格奈昔亚是个地名,是《法篇》建构的理想城邦的所在地。《法篇》的英译者桑德斯(Trevor J.Saunders)为方便读者阅读,把原文中为新城邦制定的这些法典条文与上下文分离,并编了序号。为了方便读者阅读,我们将这些法律条文汇辑在一起,称作新城邦法典。而从实际内容来看,这部法典还应当包括本章第二部分列举的法律条文。

第一节　新城邦法典(罪与罚)

1. 新城邦"有五千零四十位土地所有者,土地和房屋也按同样的数目划分,一人一份"。(5.737e)份地和房屋不得买卖。"任何人买卖他的份地和房屋必将为其罪行受到相应的惩罚。"(5.741c)

2. 在新城邦里,私人不得拥有金银,只能拥有日常流通的硬币,因为用货币向手艺人支付工钱的事情几乎无法避免,某些行业也需要用货币向那些挣工资的人支付工钱,无论他们是奴隶还是外邦来的定居者。因此,我们要规定一种本国的货币,在国内有用,到了国外就没用了。至于共同的希腊货币,为了满足一些人旅行和探险的需要,比如派遣驻外使馆人员和组织必要的使团,国家必须拥有一些可以到处流通的希腊货币来满足这类需要。如果某个人不得不去国外旅行,那么他在启程前要获得执政官的批准,旅行回来后手头若还有外国货币,他应当把外币交给国家,兑换成地方货币。私人不得私藏外币。"如果发现有人私藏外币,那就要没收充公,上交国库。"(5.742b)

3. 对私藏外币者要揭发举报。"如果有人对私藏外币者知情不报,必须给予和偷运外币者同样的诅咒和谴责,再加上罚款,数额不低于偷运进来的外币总额。"(5.742c)

4. 一定不能允许在任何部分的公民中产生极度的贫穷和极度的富裕,因为二者均会导致灾难。贫困的下限必须与每个人的基本财产价值相当,这种财产是永久性的;立法者将以这种基本财产为尺度衡量人们的收入,允许人们获得相当于基本财产两倍、三倍、四倍的收入。如果有人由于发现了宝藏,或者得到了捐赠,或者做生意很成功,或者交了其他好运,使他的收入超过了这个标准,那么他可以把多余的部分交给国家和国家的保护神,这样就不会受到惩罚,而且能得到好名声。"要是有人违反这条法律,任何人只要愿意都可以去告发他,违法者超过限度的财富要被罚没,其中一半作为给告发者的奖励,另外一半献给众神;除此之外,有罪者还必须用他自己的财产支付同等数额的罚金。"(5.745a)

5. 执法官负责登记每个公民交给公家的财产。属于最高财产等级的公民可以留下四百德拉克玛,不用申报;属于第二等级的公民可以留三百德拉克玛,不用申报;属于第三等级的公民可以留两百德拉克玛,不用申报;属于第四等级的公民可以留一百德拉克玛,不用申报。"如果发现有人隐匿超过规定数额的财产,那么超过的所有部分都要充公。"(6.754e)

6. 任何人都可以起诉隐匿财产者,让他留下不老实的坏名声,让大家都知道他为了这种可耻的收入而藐视法律。要让他在由法律的卫士组成的法庭上受审。"如果发现被告有罪,那么他将被排斥在城邦的公共福利之外,除了他原先有的份地,他再也得不到任何福利待遇;他的罪行也要记录下来,一辈子不得取消,存放在任何人只要想看就都能看到的地方。"(6.755a)

7. 官员只要对本地区的居民犯下过失,哪怕只有 1 明那的案值或者更少,犯罪的官员都将在村民和邻居面前接受由他们自愿发起的审判。如果官员在受到大大小小的指控时拒绝受审,并希望能够在轮值期满后去一个新的地区,以此逃避指控,那么原告可以向公共法庭起诉。"如果告赢了,那么原告从拒绝接受自发审判的潜逃者那里可以得到双倍的赏金。"(6.762b)

8. 乡村巡视员不履行职责或疏忽职守。乡下的每个地区都有一个公共食堂,指挥官和乡村巡视员都在那里就餐。"如果有位巡视员哪一天没有去食堂,或者有哪个夜晚违反规定在外留宿,除非有他的长官的命令,或者由于某些绝对无法避免的突发情况,那么其他人就要向五名指挥官举报,把他当作逃兵处理,送到市场上去示众。要像对待逃避责任的卖国贼那样鞭打他们,不能赦免,任何人见到他只要愿意都可以

动手鞭打,不会因此而受到惩罚。"(6.762c)

9. 指挥官和乡村巡视员中若有腐败行为,要由他的五十九名同事来处理。任何人若是不告发犯罪的指挥官和乡村巡视员,"将与犯错误的指挥官受到相同的法律制裁,对他们的处罚比对年轻人更加严厉,这样的人将不再有资格担任监管年轻人的任何职务"。(6.762d)

10. 法官通过选举产生。法官应当善于审理与他的同胞公民有关的案子。公民议事会的成员和其他有权任命法官的官员必须作为证人和旁听者出席审判,也允许希望旁听者参加。如果有人认为法官故意错判案子,他应当向执法官提出上诉。"如果有法官被确认误判,他必须对受害者做出所受损害一半的补偿,如果认定要给法官更大的惩罚,那么处理上诉的执法官应当进一步确定处罚,或者裁定误判的法官向公众和执行处罚者缴纳罚金。"(6.767e)

11. 如果有人不愿意服从城邦的要求,到了三十五岁还不结婚,"那么他要缴纳年度罚金:属于最高财产等级的交一百德拉克玛,属于第二等级的交七十德拉克玛,属于第三等级的交六十德拉克玛,属于第四等级的交三十德拉克玛,这种罚金将会献给赫拉①"。(6.774a)

12. 不缴纳超过法定成婚年龄所规定的年度罚金,"那么他的罚金将增至十倍"。(6.774b)还应当禁止不愿结婚者接受年轻人对他的尊敬,没有人会在意他。要是这名男子试图追求一个男人,那么每个人都应当站在被追求者一边,保护被追求者。(6.774b)

---

① 赫拉,希腊神话中的天后,掌管婚姻与生育。

13. 收缴罚金的事务由赫拉女神的司库负责。"如果这位司库没有去收缴,那么要由当事人来缴纳。也还应当禁止这名当事人接受年轻人对他的尊敬。"(6.774b)

14. 旁观者应当帮助有意独身者。"如果一名旁观者没有帮助这名被追求者,法律应当视这位旁观者为懦夫。"(6.774c)

15. 男子结婚,不得收受女方巨额嫁妆。"如果他不服从,他要向公共金库缴纳罚金,最低财产等级的不超过五十德拉克玛,(或者按照不同等级,不超过一百、一百五、二百)他还要把相同标准的金钱奉献给赫拉和宙斯。"(6.774d)

16. 司库要勒令独身者缴纳罚金。"众神的司库要像我们所说的那位赫拉的司库一样向不结婚的人收取罚金,让独身者自己缴纳。"(6.774e)

17. 结婚喜宴,男女双方家庭邀请的亲人不能超过五人,亲戚和同胞也不能超过五人;喜宴开支要与家庭境况相称,最富裕等级的不超过一个明那,第二等级的不超过半个明那,其他等级照此比例递减。每个人都要服从这条规定,不得在婚宴上摆阔。"不遵守这条规定的人将由执法官给予惩处,把他们当作从来没有听到过缪斯婚礼之歌的腓利士人①。"(6.775a)

18. 新娘和新郎都要尽力为城邦生育最优秀的后代。一对夫妇的生育期是十年,如果一对夫妇在这个时期结束时仍无子嗣,那么就要由这个管理妇女的委员会与夫妇双方的亲

---

① 腓利士人,地中海某岛屿居民,这些居民的性格非常世侩和庸俗。

属共同商议,安排兼顾双方利益的分居。如果为了双方的某种利益而发生争执不下的情况,那么他们应当挑选十名执法官来仲裁,而哪些执法官可以参加仲裁则由他们自己决定。女监理可以进入年轻夫妇的家,用警告和恐吓制止他们有罪的愚蠢行为,如果他们仍旧犯错误,就向执法官报告,让执法官来制止这种冒犯。"除非被公示者能在法庭上成功地驳斥起诉者,否则必须剥夺被公示者参加婚礼和生日宴会的权利。如果女子行为不端,她的名字也要被公示,如果她没能在法庭上成功抗诉,那么同样的规定也适用于她:她不得参加妇女游行,不得参加婚礼和儿童的生日宴会。"(6.784a)

19. 被确认没有尽夫妇义务者去参加婚庆或为孩子的出生所举行的典礼,"如果他坚持出现在这些场合,那么任何人只要愿意,都可以殴打他而不受惩罚"。(6.784d)

20. 在生育年龄阶段发生奸情。"按照法律的要求生育子女以后,如果一名男子与另一名女子苟合,或者一名女子与一名男子苟合,而这名男子或女子仍在生育者之列,那么他们必须缴纳罚金,由那些仍旧生育者规定罚金的数量。"(6.784e)

21. 在没有或者不可能再有生育能力的情况下发生奸情。"过了生育期以后,那些贞洁的男人或女人应当受到高度尊重,而那些淫乱的杂交者会得到与之相反的名誉(尽管不名誉会是一个较好的词)。"(6.784e)

22. 要把所有的舞蹈和音乐神圣化。要通过编制年历把节日固定下来,要规定庆祝哪些节日,在哪些天庆祝,分别荣耀什么神祇、神祇的儿子或精灵。要规定在庆祝某位神的节日里要唱什么样的赞歌,在节日仪式中要跳什么样的舞。

"如果有人不服从上述规定,引入其他颂歌或舞蹈,男女祭司将与执法官一道,依据神圣法和世俗法,把他驱逐出去。"(7.799b)

23. 如果引入其他颂歌或舞蹈者拒绝被驱逐,"那么他终生将被视为不虔诚之人,任何人只要愿意,就可以起诉他"。(7.799b)

24. 要对儿童进行教育。儿童不能没有老师,必须送去上学,把他当作一名年轻的绅士来对待。任何路过的绅士要是发现他犯有过错,那么照料他的人和他的老师,都要给予处罚。"任何过路者若不能恰当地处罚这名儿童,那么这首先是他自己的奇耻大辱,而负责管理年轻人的执法官必须严格管束这名儿童,不能疏于管教,或者不能用城邦认可的方式给予恰当的惩罚。"(7.808e)

25. 儿童在成为一名体面的公民之前,必须全面掌握阅读和书写。从十岁开始,他要花三年时间学习阅读和书写。从十三岁开始,再花三年时间学习七弦琴。无论孩子本人和他们的父母都不能延长或缩短规定的学习时间。"不服从这条法规者必须受到惩罚,要被取消获得学校奖励的资格。"(7.810a)

26. 任何人不得私自移动邻居的地界,无论他的邻居是同城邦的公民,还是外国人。没有任何人可以随心所欲地移动邻居的界石,如果有人这样做了,一经发现就可以把他告上法庭。"如果有人受到这样的控告,将会被视为用隐秘的或暴力的手段谋求地产,法庭将确定给被告什么样的惩罚,而被告将接受惩罚或者缴纳罚款。"(8.843b)

27. 侵犯他人的田地。"若有人越界耕种邻居的土地、打

伤邻居,那么他要对他不文明的粗暴行为负责,赔偿受害人医药费,还要缴纳两倍于医药费的罚款。"(8.843c)

28.让自家的牲口践踏邻居的土地。"如果有人在邻居的土地上放牧,乡村巡视员同样也要前往调查,依据察看到的损害来确定罚款。"(8.843d)

29.留住别人的蜂群并占为己有。"如果有人设法把别人的蜂群变成自己的,那么他也要赔偿别人的损失。"(8.843e)

30.生火时不小心烧毁了邻居家的树林。"如果有人在生火时没有采取足够的预防措施,把邻居的树林烧毁了,他也要缴纳由执政官决定的罚金。"(8.843e)

31.在植树时越过自家土地与邻居土地的分界。"如果一个人在植树时没有给邻居的土地留下足够的空间,这种情况也适用同样的法规。"(8.843e)

32.任何想要引水到自己农庄的人都可以从公共水源中引水,只要他在引水过程中不堵塞属于其他私人的泉眼。他若愿意,也可以开挖沟渠引水,只要他避开房屋、神庙和坟墓,在开挖沟渠中不造成什么损害。如果某些地区雨量不足,天然干旱,那么业主可以在自己的土地上打井。如果打不出水来,那么他的邻居应该为他提供人和家畜的饮水,如果他的邻居也缺水,那么他应当报告乡村巡视员,得到他的许可,从更远的邻居那里得到供水。下暴雨的时候,无论是在城里还是在乡下,居住在高处的人只有在取得城防官或乡村巡视员许可的情况下才能谨慎地排水,以免给低洼地区的土地和房屋造成损害。如果有人拒绝服从水资源配给的法律,"他要赔偿两倍于受害者损失的赔款,因为他拒绝执行执政官的指

令"。(8.844d)

33. 在收获葡萄的季节到来之前品尝果子,"无论是葡萄还是无花果,是他自己地里的还是别人地里的,那么为了狄奥尼修斯的荣耀,我们要对他处以罚款,吃他自己地里的果实要罚五十德拉克玛,吃他邻居地里的果实要罚一百德拉克玛,吃他从其他地方采来的果实要罚六十六又三分之二德拉克玛"。(8.844e)

34. 在没有得到同意的情况下采摘别人家的水果。"但若未经别人同意,他就从其他人的树上采摘,那么他仍旧要受到惩罚,因为这样的行为正好是法律禁止他去做的事,没有耕种,不得收获。如果未经业主许可就这样做的人是一名奴隶,那么他每摘一颗葡萄就要被鞭打一下,每摘一颗无花果就要被鞭打三下。"(8.844e)

35. 外邦人采摘秋天的水果。"如果一名外国人,无论是主人还是奴隶,无视法律,碰了这样的果实,那么是奴隶的要受鞭打,是自由民的要在警告后给予释放,要告诉他们,碰这样的果实是不合适的,把这些果实选出来是为了制作葡萄干、酿酒或制作无花果干。"(8.845b)

36. 偷窃水果。"如果一名三十岁以下的人做了这种事,那么他应当挨打,被赶走,但他不会受到实际的伤害。如果他违反这条法律,那么他就丧失了在德性方面参加竞赛的资格,当竞赛的奖赏已经确定的时候,他的行为会引起评价者的关注。"(8.845c)

37. 截留水源。"往水源中投毒的一方除了缴纳罚款外,还要负责清洁那些受到污染的清泉或水库,法律将对这些清洁行动进行监督。"(8.845d)

38. 每个人都可以按照自己的意愿和通常的惯例把庄稼收回家，只要不给其他人带来伤害，或者说他的收益不大于给他的邻居带来的伤害的三倍。审判这种案子的权力由执政官掌握，与那些故意伤害罪相同，一方的人身、不动产或动产未经许可就受到第二方的侵犯。有关情况要向执政官报告，赔偿金额最高可达三明那；如果涉案金额巨大，受害人要向公共法庭起诉，寻求赔偿。官员确定赔偿不公正。"如果判定有官员在确定赔偿方面不公正，那么这名官员要向受损害的一方支付双倍的赔偿。"(8.846a)

39. 在这个城邦里，每一名艺人和工匠都只能有一种技艺，他们必须依靠这种技艺谋生，而不能依靠其他技艺。"如果有本国人走上歧途，为了追求钱财而从事别的行业或职业，那么城防官要通过申斥和降级的办法来对他进行矫正，使他返回正道。"(8.846d)

40. 如果一名外国人同时从事两种手艺，"那么对他进行矫正的方法有监禁、罚款和驱逐出境，这样一来，他就只能起一种作用而不是起几种作用"。(8.847a)

41. 盗窃神庙。"如果在神庙中盗窃圣物被抓的是外国人或奴隶，须在其双手和前额打上烙记，处以鞭笞，由他的法官决定打多少下。然后，要剥去他们的衣裳，赤身裸体扔到国境以外。如果要对这样的罪行负责的是一位公民——也就是说，他冒犯了众神、父母、城邦，这一罪行重大，无法言说，所以相关的惩罚是死刑。"(9.854d)

42. 普通偷盗。"如果确认他犯了盗窃罪，他必须支付两倍于所窃物品价值的罚款，只要他有足够的财产支付罚款。如果他没有足够的财产支付罚款，那么他将被监禁，直到全部

罚款付清,或者得到原告的赦免。"(9.857a)

43. 偷盗国库。"如果确认一个人盗窃了公物,他若能说服城邦赦免他,或者缴纳两倍于涉案金额的罚款,那么他可以不用坐牢。"(9.857b)

44. 不负责任的人在行动中造成过犯。"如果在法庭审判时有清楚的证据表明嫌疑人在犯罪时处于上述状态,那么他必须对他造成的任何伤害作出赔偿,而对他的其他处罚则可赦免,如果他已经杀害了某人,他的双手已经沾满了鲜血,那么在这种情况下,他必须迁往别国去居住,流放一年。"(9.864e)

45. 因过犯而被强迫流放,在流放期未满时归国。"如果流放期未满他就返回,哪怕是他有一只脚踏上了祖国的土地,那么执法官会把他关进监狱,监禁两年,然后再释放。"(9.864e)

46. 没有冲动的过失杀人。"如果任何人无意中杀了不是敌人的人,在竞赛或公共赛会中——无论是当场死亡,还是受伤后死亡,或者是在战争中,还是在军事训练中,无论是标枪训练,没有盔甲的保护,还是携带武器,就像实战一样,如果杀人者已经按照德尔斐的相关法律进行了涤罪仪式,那么杀人者无罪。所有医生,如果无意中治死了病人,那么按照法律医生无罪。如果一个人的行为使他人致死,但他是无意的,无论他用手还是用武器,是在吃饭的时候还是在喝酒的时候,是由于太热还是由于太冷,或是由于窒息,只用了他自己的体力还是借用了其他人的体力,在所有这些情况下,上述行为均被视为他个人的行为,他必须支付罚款。如果被杀的是一名奴隶,那么他要赔偿这名奴隶的主人,就好像自己损失了一名奴隶。如果杀人者不能赔偿死者主人的损失，那么他要加倍赔偿，这名奴隶值多少钱要由法庭来估价，而且他也要参加涤罪仪式，比那些在体育运动中造成死亡者的涤罪仪式更加麻烦、更加烦琐；涤罪仪式由根据神谕选定的解释者主持。如果被杀的是他自己的奴隶，那么他要履行法律规定的涤罪仪式来消除罪孽。如果他杀死一名自由人，那么与杀死奴隶一样，他也要履行涤罪仪式来消除罪孽。杀人者在杀人后的第一年里必须躲避死者的鬼魂，远离死者的祖国；如果死者是个外国人，那么杀人者应当在同样的时间里远离死者的国家。如果杀人者自觉自愿地遵守这条法律，那么死者的亲属要记下他对法律的服从，要宽恕他的行为，除了与他保持和平外不能再对他做别的事。但若杀人者不遵守这条法律，双手沾满血迹地冒险进入圣地献祭，或者拒绝在规定的时间里离境，那么死者的亲属可以对他的杀人罪提出指控，如果证据确凿，那么所有的惩罚都将加倍。如果死者的亲属没有提出指控，可以认为这种污染已经到了这位亲属的门口，而死者已经提出偿还血债的要求，所以任何人都可以对杀人者提起诉讼，按照法律，判他流放五年。如果一名外国人杀了居住在这个城邦里的一名外国人，任何人只要愿意，都可以按照同一法律对他提出指控。如果杀人者是一位在城邦里定居的外国人，那么要判他流放一年。如果杀人者是一位没有在城邦里定居的外国人，那么无论被杀者是非定居的外国人，还是定居的外国人，还是本国公民，他都要离开制定了这些法律的国家，此外还要履行涤罪仪式。如果他非法返回，那么执法官必须将他处死，如果他有财产，就把他的财产判给死者的近亲。如果他的返回并非出于自愿，比如遇上海难而漂流到我们的海岸边，那么他可以在海边逗留,等着有船来把他带走;如果他被不可抗拒的力量劫持,从陆地上被带回来,那么第一个抓住他的官员可以释放他,让他平安离境。"(9.865a—9.866d)

47.因狂热而造成的无意杀人,不管是蓄意的还是非蓄意的。"如果某人亲手杀死一名自由人,该行为是由于愤怒而为,没有事先的预谋,那么对他的处罚一般说来相当于处罚那些并不愤怒的杀人者,此外要判他流放两年,让他学会克制自己的坏脾气。如果一个人在愤怒中杀人,且有预谋,对他的处罚一般说来与前例相同,但流放时间是三年,而不是两年,他的流放时间更长,乃是因为他的情欲更加强烈。如果这两种罪犯在期满回国后又由于愤怒而重犯以前的罪行,那么他将被永远放逐,再也不能回国;如果他再次返回,那么他会被处死,就像被驱逐的外国人偷跑回来一样。在愤怒中杀死自己奴隶的主人要洗涤他的罪过,如果被杀的是别人的奴隶,那么他要向奴隶的主人加倍赔偿损失。任何种类的杀人犯如果蔑视法律,在尚未洗涤罪行之前就出现在市场和体育竞赛中,或者出现在其他公共集会中,因而玷污了这些地方,那么知情者可以举报,起诉作为涤罪仪式执行者的死者亲属和这名杀人犯,迫使他们缴纳两倍以上的罚款,法律将用他们缴纳的所有罚金奖励举报人。如果奴隶在愤怒中杀了他的主人,死者的亲属可以根据自己的意愿处置杀人犯,不算有罪——只有在这种情况下他们不能宽恕那个奴隶,让他继续活命。如果自由人被其他人的奴隶所杀,这名奴隶的主人要把肇事的奴隶送交死者亲属,他们必须处死这名奴隶,方式由他们自选。有一种情况不常见,但确实会发生,如果父母在盛怒下用鞭笞或其他方式杀死了儿子或女儿,那么他们的涤罪仪式与其他杀人案件相同,流放期为整整三年。等杀人者回国后,杀人者的妻子或丈夫要离婚,他们之间的生育必须停止;家庭中一定不能再有这样的成员,更不能崇敬他,因为他杀死了家中的儿子或兄弟。拒绝执行这条法令的人是不虔诚的,只要愿意,任何人都可以起诉他。如果有人在盛怒中杀死了他的妻子,或者妻子对她的丈夫做了同样的事情,那么也要有同样的涤罪仪式,判处三年流放。罪犯回国后,永远不能再与他的子女一道崇拜神灵,或与他们同桌吃饭。如果父亲或子女蔑视这条法律,一旦被发现,任何人都可以指控他们犯了亵渎罪。如果兄弟姐妹在愤怒中发生了凶杀,他们的涤罪仪式和流放与前面对父母子女之间的凶杀的处罚相同,无人可以再与他同桌共餐,共同崇拜众神,因为他从这个家庭中剥夺了兄弟或子女。任何人违反了这条法令,将受到前面所说的那条惩治不虔诚罪的法律的公正惩罚。如果某个本来应当约束自己欲望的人没有这样做,而是在愤怒中疯狂地杀害了生他养他的父母,如果死者在临终前自愿宽恕了这名罪人,那么只要他履行了与无意杀人罪相同的涤罪仪式,以及其他处罚,他的罪行就洁净了。但若没有得到这样的宽恕,法律给这些在某种欲望推动下杀死父母的人规定的惩罚是死刑。兄弟之间发生争吵闹出了人命,或者在类似的情况下,如果动手杀人是为了自卫,而死者是挑衅者,那么杀人者无罪,死者就好比是手持武器的敌人;公民之间或外国人之间发生争执也照样处理。如果公民在自卫中杀了其他公民,那么杀人者无罪;如果奴隶在自卫中杀了其他奴隶,那么杀人者也无罪。但若奴隶在自卫中杀死了自由人,那么他犯了和杀父母一样的罪行。父亲可以宽恕儿子杀害自己的罪行,这也同样适用于其他各种罪行的宽恕;

如果受害者自愿宽恕杀人者的罪行,视之为无意的,那么法律将判处这些罪犯履行杀父母罪的涤罪仪式以及一年流放。"(9.866d—9.870e)

48.间接和直接的故意杀人。"如果一个人有预谋地杀害了一名同胞公民,那么首先要把他从各种合法的公共集会中驱逐出去,禁止他玷污神庙、市场、港口或其他任何公共场所,无论有没有给杀人凶犯出一个公共告示,法律本身已经代表整个国家发出了这个告示,在任何时候都有效。如果死者的父母两系在叔侄堂兄范围以内的近亲放弃了监督凶手的义务,或者宣布了驱逐凶手,那么杀人罪孽带来的污染和上苍的愤怒首先会落在他自己头上,因为法律的驱逐也会带来凶兆。其次,任何想为死者复仇的人都会起诉他。他们都会监视杀人者,要他按神谕的规定洗涤罪行并遵守其他规定,他们也会正式对他宣布放逐,然后开始强迫杀人犯执行法律的规定。证据确凿的罪犯要处死,尸体不能埋在他杀人的那个国家,如果这样做的话,又会增添不虔诚的罪过。如果杀人犯逃跑,拒绝接受审判,那么对他的惩罚将一直延续下去。流放的罪犯若是踏上死者的国土,第一个碰到他的死者亲属或同胞可以杀死罪犯,这是法律允许的,或者把他捆绑起来,送交相关法庭的官员。被起诉的疑犯可以请求担保,担保人的资格由法官决定,三位主要的担保人要作出承诺,开庭时被告一定会到场接受审判。如果拒绝承诺或找不到这样的担保,法庭要逮捕疑犯,将他关在监狱里候审。如果一个人不是真正动手杀人的凶犯,但却有预谋地用诡计使其他人死亡,而他自己带着一颗由于杀人而玷污了的灵魂继续居住在这个国家里,对这种人的审判与审判杀人罪相同,只是不需要考虑安全方面的问题,这种罪犯也能在他的祖国找到葬身之处。其他方面的处置与真正的杀人凶手完全相同。凶杀案的双方都是外国人,或者一方是本国公民,一方是外国人,或者双方都是奴隶,或者是有预谋的杀人,在上述各种情况下审判凶杀案的程序都是相同的,只有在安全方面的考虑不同;而在安全方面,控方在提出指控时也同时要求被告作出担保,这和我们已经说过的对杀人犯的担保完全一样。如果奴隶故意杀死自由人,无论他是真正动手杀人,还是用计谋杀人,行刑者都将把他带到死者的葬身之处,在可以看见死者坟墓的地方给予鞭笞,行刑者愿意打多少下就打多少下,如果打完后杀人的奴隶仍旧还活着的话,那么就处死他。如果有人杀了一名并没有犯罪的奴隶,他的杀人动机只是由于担心那名奴隶会揭发自己的可耻丑行,或出于其他类似的动机,那么这个人要被当作杀人犯受审,就好像死者是公民一样。但若他们胆敢蓄意杀害父母、兄弟或子女,立法者要针对这种情况制定法规,对他们实行监控和驱逐,对他们的处罚与前面那些案件相同。如果发现有人犯了这种杀人罪,也就是说杀害了我们前面说过的这些人,法官和执政官将一道判处他死刑,把他的尸体剥去衣服,扔到城外的三岔路口。在那里,执政官将以国家的名义拿一块石头扔在尸体的头上,象征凶手已经对国家抵偿的罪行。然后按照法律的审判,凶手的尸体将被运到边境上抛弃,不予埋葬。"(9.871a—9.873b)

49. 自杀。"以这种方式死去的人必须个别埋葬,无人与他共享坟墓。应当把他们埋在十二个地区交界的荒郊野地里,他们的坟墓没有墓石,也不能留名。"(9.873c—d)

50. 由动物或无生命之物造成的杀人。"如果有牲畜或其他动物发生事故使人致死,或者在体育竞赛中使人致死,那么死者的亲属可以起诉这种凶杀。死者的亲属可以请若干名乡村巡视员来断案,如果得到确证,那么杀人的牲畜将被处死,扔到国境之外。如果无生命的东西造成人的非命——这方面的例子有闪电或其他神灵的临在——东西掉下来砸死人,或者人摔倒时撞在东西上,都要由死者的近邻来审判,在死者近亲的邀请下,这位邻居将对死者的整个家庭履行这种义务,在确证了某样东西有罪后,要把这样东西扔到国境以外去,就像牲畜杀人一样。"(9.873e—9.874a)

51. 无知凶犯造成的杀害。"如果发现有人死了,并且显然是谋杀,而不知道凶手是谁,或者在仔细侦察后仍旧无法发现,那么应当像其他案子一样发出追查的告示,负责追查的人要像对着'杀人犯'说话那样宣读通告,以便确立自己追查此案的权力,他要在市场上发出警告,要'杀人犯'不得踏入圣地或死者所属国家的任何土地,在这样的恐吓下,如果杀人犯显身或被认了出来,要把他判处死刑,抛尸境外,不得安葬。"(9.874a—b)

52. 已经被证实或可以被证实的杀害。"夜间杀死有意入室偷盗的窃贼无罪;在自卫中杀死徒步的拦路盗贼无罪;任何人均可杀死对自由民的妇女或儿童施暴的人,不论杀人者是被奸污者还是她的父亲、兄弟或儿子;如果有人用暴力逼迫他人的妻子就范,那么做丈夫的可以杀死他而被法律视为无罪;如果有人为了保护父亲的生命,而此时他的父亲并没有从事犯罪活动,或者为了保护孩子、兄弟,或者为了保护他的子女的母亲而杀人,在这些情况下,杀人者完全无罪。"(9.874b—c)

53. 故意的攻击和伤害。"如果有人蓄意杀害朋友,但没有杀死,而是使他的朋友受了伤,这位朋友当时并没有违反法律手持凶器,那么这种谋杀不能得到宽恕,要毫不犹豫地以谋杀罪起诉凶手,让他接受审判,就好像他把人杀死了一样。如果做儿子的谋杀父母,或者做奴隶的谋杀他的主人,使他们受了伤,那么要判处谋杀者死刑。兄弟姐妹之间的伤害也一样,如果是谋杀未遂而致伤,相应的处罚也是死刑。夫妻之间的伤害,如果是谋杀未遂而致伤,相应的处罚是永远放逐。至于他们的地产,如果有子女尚未成年,那么应当把地产交给监护人,由监护人负责照料他们未成年的子女;如果家庭成员均已成年,那么地产就归他们,但他们并没有义务供养流放者。如果造成这场灾难的罪犯无子女,那么父母两系侄子一辈的流放者的亲属将聚在一起,指定一人继承罪犯的地产,亦即继承国家地产的五千零四十分之一,他们做了决定以后还要征求执法官和祭司的意见。"(9.874d—9.877d)

54. 无后代之人因蓄意谋害而造成的伤害。"如果一处房产发生了这样的罪恶和不幸,而所有者由于没有结婚或婚后没有生育,因此没有儿子可以继承房产,或者说一所房子里发生了故意杀人罪,以及其他违背天意或违抗人类城邦的罪行,因此屋主被永久流放,但没有儿子可以继承房产,那么这所房子本身首先要按照法律的指示加以清洁和被除。然后所有亲属将与执法官会面,甚至就像现在通行的那样,在一起考虑整个国家哪个家庭的名声最好,最受好运的青睐,同时又有不止一个儿子。他们要从这样的家庭中过继一个儿子和继承人,以延续死者的香火,用这个家庭的这位父亲的名字给他改名,并同声祈祷,以表示他们这样做是为了帮这个家庭找一个真正的继承者,他可以比他的继父更好地处理世俗事务和神圣事务。然后，他们会确定这位过继的儿子为财产的合法继承人，他们会让那名罪犯躺在坟墓里，没有名字，没有子女，没有遗产。"(9. 877e—9. 878b)

55. 因狂热而造成的伤害。"如果证明伤害是可治愈的，那么伤害者应当双倍赔偿受害人的损失；如果证明伤害是不可治愈的，那么伤害者应当赔偿受害人损失的四倍。如果伤害虽然可以治愈，但却使受害人重大残废，那么伤害者应当赔偿受害人损失的三倍。在有些情况下，伤害者不仅对受害人造成伤害，而且对国家也造成伤害，使受害人不能担负保卫国家的任务，因此在这种情况下，伤害者还要接受其他各种惩罚，以补偿国家的损失。也就是说，除了伤害者本人应服的兵役外，他还要代受害人服兵役。如果他做不到这一点，就要受到法律的追究，任何人只要愿意都可以用逃避兵役的罪名起诉他。只要证据确凿，赔偿的数额，无论是两倍还是三倍，甚至是四倍，都将由法庭来决定。如果是亲属之间以前面说过的方式相残，那么双方的父母和侄子一辈的亲属要聚集在一起，商议并对双方的父母执行一项处罚。如果对伤害的评估有问题，那么男性家长有权作出决定；如果双方不能达成一致意见，那么他们可以要求执法官的裁决。父母受到子女伤害的案子需要有法官审理，这样的法官年纪要在六十岁以上，还要有子女，并且要是亲生子女，而不能是过继来的。对伤害者处以死刑还是给予其他处罚，是重一些还是轻一些，我们确信这样的事情要由法庭来决定。罪犯的亲属不可充任法庭的成员，哪怕他达到了法律规定的年龄。如果奴隶在愤怒时打伤了自由民，那么这名奴隶的主人要将他交给受伤者随意处置，如果不交，那么就由主人自己来赔偿受害者的损失。如果为被告辩护的人发誓,这个发生在奴隶和受伤者之间的案子是一个阴谋,那么他必须坚持自己的看法。如果他打输了官司,那么他将赔偿损失的三倍;如果他打赢了官司,那么他可以采取行动对付使用奴隶进行谋反的那些人。"(9.878b—9.879a)

56. 非蓄意的伤害。"无意中伤害了别人,肇事者要赔偿损失,但没有一名立法者能够对这种事情做出具体规定。处理这种案子的法官与处理子女伤害父母案的法官是相同的,要由他们来确定赔偿的数额。"(9.879b)

57. 侮辱。"如果被外国人打了,而这些外国人的行为需要矫正,那么他可以抓住外国人,把他们送交由市政官组成的法庭,而不是自己动手打回来,这样做可以让这些外国人明白不可以随意殴打本国人。市政官必须审理这种案件,但一定要尊重监护外国人的神的意愿。如果判定那名外国人错误地殴打了本国居民,那么要对他处以鞭笞,他动手打了本国居民几下,就鞭打这名外国人几下,因为他滥用自己的地位。如果外国人并没有做错什么事,那么法官可以给予警告并批评揭发者,然后把双方解散。如果某人被他的同龄人打了,或者一名无子女的长者被年轻人打了,当事人无论年老还是年轻,都要赤手空拳地自卫。如果四十岁以上的人参加斗殴,无论是他动手打别人,还是别人动手打他,由此得到了一个坏名声,被当作流氓无赖,那么他是罪有应得。如果有人动手殴打一位比他大二十岁以上的长者,那么首先,任何与凶手同龄或比他年轻的目击者应当指责凶手为懦夫;如果目击者与凶手同龄或比凶手年轻,那么他要保护被殴打的人,就好像被殴打的是他自己的兄弟、父亲,或更加年长的亲属。殴打长者的人要受审判,如果他的罪行得到确证,那么他至少要在监狱里待一整年,如果法庭对他的判决时间更长,那么这个决定必须执行。如果一名外国人或侨民殴打一位比他年长二十岁以上的人,目击者可以提供同样的法律援助,谴责斗殴者,如果肇事者是外国人和非公民,那么要判处两年监禁方能使他们涤清罪恶;如果肇事者是本国居民,那么他要被监禁三年,因为他违反了我们的法律,除非法庭判处一个更长的刑期。如果目击者没有提供法律所要求的援手,那么要对他处以罚款,第一财产等级的要罚一百德拉克玛,第二等级的要罚五十个德拉克玛,第三等级的要罚三十德拉克玛,第四等级的要罚二十德拉克玛。审理这种案子的法庭由将军、副将、部落首领、骑兵指挥官组成。如果精神正常的人动手殴打父母,那么目击者首先要制止这种行为,就像在我们已经解释过的例子中一样。我们要给制止了这种行为的外国侨民提供一个观看体育运动的前排席位;而没有履行这一义务的外国侨民,我们要把他们永远驱逐出我们的国土。一位非永久居留的外国人提供了这样的帮助,将受到公众的赞扬,没有这样做的外国人则要受到批评。这样做了的奴隶将获得自由,不这样做的奴隶将被鞭笞一百下,如果这种殴打父母的行为是在市场上发生的,那么对这种奴隶的惩罚要由市场官来执行;如果这种行为发生在市场以外的其他地方,那么这种矫正行为就要由事件发生地的市政官来执行;如果这种行为发生在乡下,那么就由乡村巡视员来执行。每一位目击这种殴打父母行为的本国人,无论男女老幼,都要参加救援,制止这种行为,要像驱逐魔鬼野兽一样对打人者大声怒吼,不参加救援的人将受到法律的处罚和家族神的诅咒。如果有人被确证冒犯了父母,那么首先要把他永远逐出京城,迁居到乡下去,并且禁止他去任何圣地。

如果他不服从放逐，那么乡村巡视员要用鞭打或其他方法对他进行矫正。如果他私自返回原住地，那么他将被判处死刑。如果有自由人与罪犯一起吃喝玩乐，或一起做事，或有任何往来，比如与他握手相会，那么自由人在没有履行涤罪仪式之前既不能进入崇拜地和市场，又不能去城市的任何地方，就好像他被可怕的瘟疫传染了一样。如果他违反禁令，污染了圣地和城市，那么任何执政官在得知事件之后要立刻对他进行审判。如果一名奴隶打了自由人，无论他是外国人还是本地公民，目击者都要加以制止，否则就要受到罚款的处罚，罚款的数额按其地位不同而有所差别。目击者要协助被打的一方把这名奴隶捆绑起来，由被打的一方处置，他们会用脚镣把奴隶捆绑起来，用皮鞭抽打他，愿意打几下就打几下，只要不损害奴隶主的利益，然后把他交给他的合法主人。奴隶打了自由民，除非有执政官的命令，这名奴隶的主人要从被打的人那里接受被捆绑的奴隶，在被打的一方没有感到满意之前，不能释放他。上述法规也适用于双方都是妇女或有一方是妇女的情况。"(9.879b—9.882a)

58. 发现有人渎神而不向官员通报。"如果有官员接到告发后没有及时采取行动，那么他人也犯了不虔敬罪，人们只要愿意就可以起诉他。"(10.907e)

59. 非败坏的人犯下的渎神。"那些仅仅由于愚蠢而不信神的人和那些品性不坏的无神论者，应当送往感化所，不少于五年，在监禁期内，除了夜间议事会的成员，他们不能与任何公民交谈，而这些夜间议事会成员对他们的探视着眼于对他们进行告诫，使他们的灵魂得到拯救。监禁期满后，如果他们的思想已经回到正确的观念上来，那么他们可以恢复正常生活,但若仍旧不思悔改,那么就要再次定罪,处以死刑。"
(10.908e)

60. 败坏的人犯下的渎神。"如果发现这样的人有罪,法庭要把他监禁在国土中心区的监狱里,任何自由民都不能与他接触,仅由监狱看守给他一分法官规定的口粮。他死了以后,要把他的尸体扔到国境以外去,不予掩埋。"(10.909b)

61. 自由人故意埋葬一个因渎神而被判不得棺葬的人。"如果有公民掩埋它,只要有人告发,就应当治以不敬神之罪。"(10.909c)

62. 以不洁之身参加祭礼。"如果有人不服从这条法规,就要对他们采取惩罚措施,直到搬迁生效为止。不虔敬是一种成年人的罪行,而不是儿童的微小过失,任何人犯了这种罪行,无论是在家中建神龛,还是在公共场合把不洁的东西献给神灵,都要处以死刑。"(10.910c)

63. 看见某一偶然被发现的财物在未经官方同意的情况下被搬走,却不向当局报告。"如果自由民知情不报,就要受到谴责,被视为作恶。但若他知情不报,那么他将被处死。"
(11.914a)

64. 将属于别人的财物取走并占为己有。"任何人动用这样的物品,把它拿回家,那么他就违反了法律。如果动用这种物品的人是一名奴隶,而物品又不值钱,那么任何不小于三十岁的人看见了,都可以狠狠地打他一顿。如果动用这种物品的是一名自由人,那么要指责他是不遵守法律的财迷,还要他向物品所有者支付十倍于物品价钱的罚金。"(11.914b)

65. 没有有效的根据,声称某位逃亡的奴隶是自由人。"如果一个人不是在上述情况下获释,那么一旦确证他的攻

击行为,他必须支付两倍于被毁物品价值的罚金,物品的价值由法庭核准。"(11.914e—9.915a)

66. 获得自由的奴隶在拥有超过限额的财物后还不离开该地。"如果自由民违反这些法规,被送上法庭,一旦定罪,他要被处以死刑,他的财产将被没收充公。"(11.915b)

67. 在市场上无论出售什么货物,不能给同一样东西制定两种价格。"如果有人违反这条法规,任何过路人,不小于三十岁,都应当痛打发誓者,而无须负法律责任。"(11.917b)

68. 过路人对在市场上以两种价格出售货物的事情不顾不问。"如果有过路人对这种事情置之不理,这样的人应当受到谴责,被视为法律的叛徒。"(11.917c)

69. 不揭发自己发现或能证实的舞弊行为。"如果公民没有告发这种欺诈行为,那么就要宣布他是一名无赖,因为他欺骗了众神。"(11.917d)

70. 事实上的舞弊行为。"发现任何人出售假货,除了没收货物以外,必须在市场上鞭打他,(他的货物定价多少德拉克玛,就鞭打几下),由一名传令官在市场上宣布他的罪行。"(11.921a)

71. 公民在任何情况下从事卑贱的商业。"如果发现被告的行为已经玷污了祖宗的灶神,那么要判处他一年监禁,使他接受教训不再重犯。"(11.919e)

72. "如果他再犯,就要判处两年监禁。总而言之,每次重犯都要加倍惩罚。"(11.920a)

73. 手艺人因工作迟到而不能履行承诺。"但若一名工匠由于疏忽而没有在预定时间内完成任务,忘记了敬畏使他得以为生的神,并愚蠢地把神想象为一名会允许他这样做的伙伴,那么他首先要面对神的责问,其次要有法律来对他进行制裁。如果有人没有遵守与雇主商定的合约,在规定时间内完成某项工作,那么他就欠下雇主一笔等于这项工作价钱的债务,要从头开始在商定的时间内重新做这项工作。法律对订立合同的人提出的建议与对卖方提出的建议一样。"(11.921a)

74. 雇主拖欠工人的工钱。"如果雇主没有在约定的时间内支付工钱,那么雇主要支付双倍的工钱。如果雇主在一年内都没有支付工钱,那么他除了支付工钱外还要支付利息,而我们说过其他贷款都没有利息,拖欠的工钱每个德拉克玛每月要支付一个小银币的利息。"(11.921c)

75. 原告在法律护卫者审理的案件中败诉。"如果他输掉了官司,那么立法者要对他进行申斥和羞辱,对任何有理智的人来说,这样的惩罚远远大于一笔巨大的罚款。"(11.926d)

76. 苛待或不公正地对待孤儿。"如果有人不听劝诫,伤害无父母的孤儿,他必须支付罚金作出赔偿,两倍于对父母健在的儿童造成同等伤害作出的赔偿。"(11.927d—e)

77. 监护人轻慢所看管的孤儿。"如果这条法律受到违反,监护人要受到执政官的处罚;执政官应受到特别法庭的审判,接受双倍的处罚,罚金由法庭裁定。"(11.928a)

78. 监护人损害所看管的孤儿。"违法事件一经证实,监护人需要支付的赔偿金高达被他挪用的财产的四倍,一半归孤儿,一半归原告。"(11.928c)

79. 官员轻慢或损害所看管的孤儿,要被法律护卫者宣布为不称职并剥夺职务。"如果发现监护人有罪,将由法庭来

决定给予什么样的惩罚或罚款；如果发现执政官疏于职守，也要由法庭来决定他应当缴纳多少罚款。"(11.928d)

80. 为人父者无法尽到父亲的作用。"如果案子查实，这位父亲从今以后要失去处置他的财产的权力，哪怕是最小的物品，他的余生都要被当作一名儿童来对待。"(11.929d—e)

81. 儿女不能取悦自己的父母，甚至在父母看来品行不正。"如果他的罪行得到确认，那么法庭要决定罚款或给予其他惩罚，不得赦免。"(11.932a—c)

82. 对犯了不孝罪者不揭发。"如果他知情不报，那么必须视他为懦夫，也要受到相应的惩罚。"(11.932c—d)

83. 下毒。"任何人投毒，或利用别人投毒，没有造成人员死亡，但对牲畜和蜂群造成了死亡，那么在罪行得到确证以后，如果投毒者是一名医生，就要判死刑，如果投毒者不是毒物专家，那么就要判处罚款，金额由法庭决定。"(11.932e)

84. 妖言惑众。"任何人涉嫌利用巫术、咒语或其他妖术造成伤害，罪行得到确证以后，如果他是先知或占卜师，那么就要判处死刑，如果他不是巫师，那么就按照前面的情况来处理，由法庭来决定对他的处罚或罚款。"(11.933a)

85. 不阻止自己家里的疯人在街头抛头露面。"如果他们不能这样做，无论是奴隶还是自由民，那么他们必须支付罚款，属于最高财产等级的人罚款一百德拉克玛，属于第二财产等级的人罚款八十德拉克玛，属于第三财产等级的人罚款六十德拉克玛，属于第四财产等级的人罚款四十德拉克玛。"(11.943c—d)

86. 官员对在正式场合谩骂和讽刺行为采取宽容的态度。"如果有人不能这样做，那就要取消他参加竞赛获奖的资格，

作为一名无视法律的人,他也不能履行立法者赋予他的各种义务。"(11.935b)

87.说侮辱的话。"如果在其他场合,有人不能约束自己骂人的习惯,无论是他自己讲话,还是在回答问题,路过者,只要比冒犯者年长,都可以为了维护法律的尊严而动手打他,使他的坏脾气变好。"(11.935c)

88.最年老的在场者不驱走说侮辱话的人。"如果路过者不能这样做,他也要受到相应的处罚。"(11.935c)

89.演戏者取笑邦民,而节目主持人却宽容这种行为。"如果后者没有采取这个行动,他们必须支付罚款三百德拉克玛,献给这些节庆荣耀的神灵。"(11.935d—11.936a)

90.被相关官员禁止的剧目,演员却在公开场合演出或透露给众人。"如果他这样做了,他就得到无赖的名声,成为法律的敌人。"(11.936a—b)

91.奴隶造成损失,受害者却有意串通包庇对此负有责任的奴隶。"如果他官司打输了,那么他必须赔偿损失并交出这名奴隶。"(11.936c—e)

92.动物造成的损失。"如果邻居家的财产被马、狗或其他家畜毁坏,那么这些家畜的主人要负责赔偿损失。"(11.936e)

93.曾两次被指控做伪证,还上庭作证。"如果发现他有罪,必须判处他死刑。"(11.937b—c)

94.辩护人使用下流的或违法的方法。"如果法庭相信他的动机是好斗,那么法庭将规定一个期限,在此期间他无权上法庭控告任何人,也不能帮助任何人打官司。如果他的动机是对钱财的贪婪,那么如果他是外国人,就要把他驱逐出

境,私自返回的要处死,如果他是本邦公民,就要判处他死刑,免得他终生爱慕金钱。"(11.938b—c)

95. 屡教不改地用违法和不正当的语言来狡辩。"如果确证一个人由于好斗而再次重犯这样的罪行,必须判处他死刑。"(11.938c)

96. 大使或使者以欺骗的手段获得城邦对他的信任。"如果他被确认有罪,他必须接受惩罚或罚款,相应的金额由法庭确定。"(12.941a)

97. 侵吞基金。"如果有人在法庭上成功地指控一名外国人或奴隶犯有盗窃公物罪,应当视罪犯是否可以挽救来确定对他的罚款或处罚。如果罪犯是一位公民,尽管他受过教育,但被确定犯了抢劫罪或攻打他自己的祖国,那么无论他有没有杀人,必须把他当作不可救药之人处以死刑。"(12.941d)

98. 不服从征召。"如果发现被告有罪,他要被剥夺今后得到提拔的资格,他也无权指控其他人拒绝履行军务,法庭必须决定给他什么样的处罚或者他要支付的罚款。"(12.943a—b)

99. 在服役期间开小差。"如果发现他有罪,那么他将得到与前面那些逃兵相同的惩罚。"(12.943d)

100. 在作战时扔掉武器。"如果一个人被确证在战场上可耻地抛弃武器,那么将军或其他军官不得再雇佣他当兵,或任命他担任其他军职;无视这条禁令雇佣胆小鬼的军官一旦被监察官发现,就要处以罚款,如果属于最富裕的那个财产等级,罚款一千德拉克玛,如果属于第二等级,罚款五百德拉克玛,如果属于第三等级,罚款三百德拉克玛,如果属于第四等级,罚款一百德拉克玛。"(12.944e)

101. 任命曾在战斗中扔掉武器的人担任新的职务。"如果一名军官违反规定,再次雇用了胆小鬼,监察官要判处他缴纳相同的罚款:属于最富裕财产等级的,罚款一千德拉克玛,属于第二等级的,罚款五百德拉克玛,属于第三等级的,罚款三百德拉克玛,属于第四等级的,罚款一百德拉克玛。"(12.944e—12.945a)

102. 检察官对某位官员不公正地量刑。"如果确认他有罪,监察官判处他死刑,那么他必须死(这种处罚已经无法再增加了);但若对他的处罚可以加倍,那就让他支付双倍的罚金。"(12.946d—e)

103. 检察官做了与自己职务不相称的事情。"如果确认被弹劾者有罪,那么必须剥夺他的职位,剥夺他原来可以享有的公葬和其他荣誉。"(12.947e—12.948a)

104. 在对检察官进行的诉讼中,申诉人没有获得起码的五分之一票。"如果原告未能得到五分之一的赞同票,那么他必须支付罚金,属于最富裕等级的罚一千二百德拉克玛,第二等级的罚八百德拉克玛,第三等级的罚六百德拉克玛,最低等级的罚二百德拉克玛。"(12.947b)

105. 扰乱教育和法律秩序。"如果确认他犯有扰乱教育或立法事务的罪行,那么必须判他死刑。"(12.952c—d)

106. 当局没有将扰乱教育和法律秩序的人告到法庭。"如果当局没有把这样的人送交法庭审判,那么这件事将记录在案,表明他们在这方面有缺陷。"(12.952d)

107. 不让有权搜查的人进入他的住宅。"如果确认被告有罪,他必须支付双倍于毁损物价值的罚金。"(12.954a—b)

108. 强迫某人,使他无法出庭。"如果他妨碍了一位自由民,那么必须监禁他一年,罪名是绑架。"(12.954e)

109. 强迫某人，使他无法参加比赛。"妨碍他人参赛的人要被记录在案，并负法律责任，无论他在实际比赛中是胜利者还是失败者。"(12. 955a)

110. 窝藏偷来的财物。"如果有人明知故犯，接受被盗物品，那么他要受到与窃贼相同的处罚。"(12. 955b)

111. 窝藏逃犯。"对接待流放犯的人的惩罚是死刑。"(12. 955b)

112. 以个人的名义与他国缔结和平或发动战争。"如果没有城邦的支持，一个人私下里与其他人媾和或开战，都要被处以死刑。如果确认被告有罪，将对他处以死刑。"(12. 955c)

113. 收受贿赂。"如果有人违反这条法律，其罪行在法庭上得到确认，唯一适用的处罚是死刑。"(12. 955c—d)

114. 阻碍法庭的拘捕行动。"如果他受到的指控得到确认，必须判处他死刑。"(12. 958c)

115. 葬礼不符合制定的仪式。"如果一个人违反一名执法官的要求，他必须受到全体执法官的审判和处罚。"(12. 960a)

第二节　新城邦组织法

组织法是规定国家机关的职权、组织与活动原则的法律。《法篇》提出了新城邦的组织法，规定了下列国家机关的组织和职能：

1. 公民大会

成员：匿名雅典人在文中提到，所有成年男子，即战争时期能够参加骑兵或步兵的城邦公民都能参加公民大会

（6.753b）。在希腊世界里，妇女不参政，但在新城邦里，他主张妇女参政。（7.805c）

出席会议："任何公民都有权参加公民大会或出席公开的公民议事会。第一和第二财产等级的成员必须参加会议，如果有人缺席，要处以十德拉克玛以下的罚款。第三和第四等级的成员参加会议不是强制性的，如果不参加会议也不用缴纳罚金，除非得到当局的紧急告示，要求所有公民参加某次会议。"（6.764a）公民大会由议事会召集，或定期召开，或根据需要召开特别会议。"召集或解散公民议事会议的权力必须赋予这个轮值委员会，包括召开常规性的会议、临时性的会议，或者召开特别会议。"（6.758d）

职能：选举公民议事会议员、法官、其他行政官员，（6.767c）在审理"反城邦罪"时，把"最初和最后阶段交到公众手中"，（6.768a）批准行政法规，（6.772c—d）批准外国人的居留申请，（8.850b）按兵种的不同，组织对逃避参战者的审判。（12.943c）

2. 公民议事会

成员："人数应为三十打，每打十二人，总共三百六十人，这个数很容易再划分。这些人将分成四组，每组九十人，每个等级的公民选举九十名议员。"（6.756c）议员任期一年。

选举程序："第一天，在最高财产等级的全体公民中进行选举，选举是强制性的，弃权者要缴纳法律规定的罚金。投票结束后，当选者的名字要及时记录下来。第二天，由第二财产等级的公民按同样的程序投票选举，他们会提名第二等级的成员。第三天，对第三财产等级的议员的提名是随机的，由所有公民投票选举，第四或最低等级的公民参加投票，若不在意提名,可以免除罚金。第四天,选举这个最低的第四等级的议员;全体公民都要参加,对投弃权票的第三、第四等级的公民免除处罚,而第一和第二等级的成员如果拒绝参加投票就要受处罚,第二等级的罚金是先前罚金的三倍,第一等级的罚金是先前罚金的四倍。第五天,负责选举的官员要向全体公民公布选举记录,每个公民要么参加投票,要么缴纳罚金。每个财产等级要选出一百八十人,凭抽签最后再选出其中的一半,送交审查。这些人将组成当年的议事会。"(6.756c—e)

职能:管理城邦日常事务,召集公民大会(6.758d),保卫城邦(6.758b)。议事会分为十二个小组,轮流担任主席一个月,即轮值委员会。"由于我们不得不让大部分议员在大部分时间待在自己家中,处理他们所在的那个区的事务,因此可以指定每个月由十二分之一的议员值班","召集或解散公民议事会议的权力必须赋予这个轮值委员会,包括召开常规性的会议、临时性的会议,或者召开特别会议。这个由十二分之一的议员组成的轮值委员会在当值的一个月中要起到上述作用,而在每年的另外十一个月中则不担负这种职责。轮值委员会必须与我们的其他官员保持不间断的联系,监管整个国家。"(6.758c—d)负责选举教育总监。(6.766b)

3. 执法机关

成员:选择五十岁以上的三十七位公民担任执法官。(6.752e)"执法官的任期不得超过二十年,年龄低于五十岁的公民不得当选。如果某位公民在担任这个职务时已经六十岁了,那么他的任期不能超过十年,与这条规定相一致,如果一个人的寿命超过七十岁,就不能在这个重要的委员会中任职,在任何情况下不能有例外。"(6.755b)

选举方式:新城邦一旦建立,每个有选举权的公民都应提出最适合该职务的候选人。"选举应当在被国家认为最庄严的圣地里举行。每位选举人都要把他的提名牌放在祭坛上,上面写着他提名的候选人、候选人的父亲、候选人的部落、候选人所属的居民区,提名人自己的名字也要写在牌子上,还要写上与被提名人相同的内容。任何人若是对提名牌的内容有疑问,只要他愿意,就可以把提名牌拿到市场上去公布,不少于三十天。提名的候选人可达三百人,由当局把候选名单向整个共同体公布,然后每个公民将根据自己的意愿对候选人进行初选,负责选举的官员会把得票在先的一百人公布。整个选举的第三步在两次献祭之间进行,公民们可以随意从这一百名候选人中选举自己喜欢的人,得票最多的三十七人将在接受审查后由官方任命为执法官。"(6.753b—d)

功能:"这个三十七人组成的委员会有这样一些职责(不仅是现在,而且是永久的):首先,他们担任法律的卫士(执法官);其次,他们负责登记每个公民交给公家的财产。"(6.754d)再次,倾听未登记产业者的申诉。(6.754e)

4. 军事机关

选举方式:军事职务有将军、副将、骑兵指挥官,等等。(6.755c)"将军这一职位由法律的卫士提名,必须由我们的公民担任,由所有当过兵的人或正在服役的军人选举。如果有人认为某位候选人不适宜,那么他应该提出自己的候选人,并指出要用自己的候选人代替某一位候选人;为此他还要发誓,然后把自己的候选人当作竞选者提出来,举手表决获得多数通过后才被列入选举名单。获得选票最多的三个人将被任命为将军,在通过与法律的卫士相同的审查后掌管军事。"

(6.755d)"当选的将军们可以提名十二名副将候选人,每个部落一名;整个选举过程和选举将军一样,也要经过候选人复议、投票选举和最终审查。"(6.755e)"在公民大会或公民议事会还没有组建之前,这个选举此刻应由法律的卫士主持,在最适当、最神圣、最宽敞的地方召开;全副武装的步兵和骑兵占据显要位置,军中所有等级在他们之下的人组成第三个团体。将军和骑兵指挥官由所有人投票选举,副将由所有步兵选举,部落首领由所有骑兵投票选举;至于轻装步兵、弓箭手或其他种类士兵的指挥官,由将军们自己来任命。""副将候选人的提名与将军候选人的提名一样,由法律的卫士来提名,复议候选人和投票选举过程也和选举将军一样。骑兵们进行的投票要由步兵进行监督,得票最多的两名候选人将成为整支武装力量的指挥官。投票只能进行两轮。若两轮投票仍旧不能选出结果,则由计票员进行投票,决定最后的结果。"(6.755e—756b)

5. 宗教组织

职能:负责管理"神圣的区域、圣地,以及其他类似的地方"。(6.758e)

选举方式:"必须遵循神的意愿,用抽签的方法决定祭司的人选,只不过抽签决定了的祭司人选还要通过进一步的审查,首先要审查他有无亵渎神灵的言行和合法的出生,其次要审查他的住宅是否洁净,他的生活是否纯洁,以及他的父母是否有血案,或有无诸如此类对宗教的冒犯。我们应当从德尔斐取来最普遍的宗教法规,让最先任命的官员负责解释。每个祭司的职位可以保持一年,不能再长,按照我们神圣的法律负责崇拜仪式的人不得低于六十岁,这条规定也适用于女祭

司。"（6. 759c—d）

祭司："神庙要有人照料,要有男祭司和女祭司来管理圣地。"（6. 759a）"如果有世袭的祭司,那么一定要让他们继续工作,不要干扰他们;但若很少或没有世袭的祭司,比如在我们这个定居点刚刚建立的时候,那就应当在还没有任命男女祭司的地方加以确定,让他们负责向众神献祭的事务。"（6. 759b）

释占者："负责解释宗教法规的人要从四个部落中选举产生,每个部落每次选一人,共选三次。得票最多的三个候选人要接受审查,由其余九人进行审查,他们必须去德尔斐聆听神谕,以便从每三人中指定一人负责一位候选人的审查。审查的规则和审查者的年龄要求与对祭司的要求相同。如有空缺出现,则由发生空缺的这四个部落补选。"（6. 759d—e）

神殿司库："至于神庙的库房管理和圣地界内土地的出产及租佃事宜,应当从最高财产等级的公民中为每个最大的圣地指定三人管理,为中等大小的圣地指定两人管理,为最小的圣地指定一人管理,这些管理者的选举程序和审查与将军的选举一样。"（6. 760a）

6. 农政官员（乡政监察员,农村护卫者）

选举方式："我们整个国土的其他所有部分也应当以下列方式来看守。由于我们整个国土被分成大体相等的十二个地区,因此要通过抽签决定一个部落负责一个地区一年的保卫工作,这个部落要能提供五名乡村巡视员或者卫队长,他们各自应当从他自己的部落中挑选十二名年轻人,年龄必须在二十五岁以上,但不能超过三十岁。要用抽签来决定这些巡逻队员负责的区域,每年在一个地方巡逻一个月,用这种方法使每个队员熟悉全部国土。这些卫士和他们的指挥官应当任职两年。按照最初由抽签决定的位置,他们受巡逻队长指挥在某个地区值勤一个月,一个月以后他们就按照时序轮换到下一个地区值勤,所谓时序就是从西向东。一年值勤期满之后,每个队员不仅熟悉了整个国家在某个季节的状况,而且熟悉每个地区在各个季节中的状况,然后他们会按照指挥员的要求,按照相反的时序在各个地区巡逻。到了第三年,一个部落必须挑选其他乡村巡视员和五名新的卫队长,每名卫队长负责指挥十二人组成的巡逻队。"(6.760b—e)

职能:"在各地值勤时,他们的职责是这样的。首先,他们必须有效地建立抵御敌人入侵的边境防卫设施,修建必要的防护栏和壕沟,竖起堡垒,对付任何敢于前来践踏国土的敌人和牛。为了达到目的,他们可以使唤自己家里的家畜和奴仆,把它们当作工具来使用,当然在繁忙季节应当尽可能避免役使它们。简言之,他们要尽量使整个国家变得敌人无法接近,而朋友最容易接近,无论这个敌人是人还是家畜和牛。他们的职责还包括把所有道路修得尽可能平整。他们要修建堤坝和沟渠,使雨水能在山顶和山坡上畅流而不至于泛滥成灾,要使坡地能得到或吸收足够的雨水。他们要修建各种水利设施使耕地得到灌溉,甚至使那些最干燥的地区也能有充足的水源。他们以种植和建筑来装饰和美化泉水,无论是溪流还是山泉,通过开挖沟渠来确保丰富的水资源供应。如果附近有圣地的丛林或园区,那么他们要修建输水管,在各个季节向圣地供水,以增强圣地的魅力。在各个布防点上,我们的年轻人应当为自己和他们的长官修建体育锻炼场所,还要让他们的长官能洗上热水澡,为此要贮备大量的干柴。他们也要在这里提供一个友好之家,为那些在农耕中受伤的人提供治疗。他们提供的治疗应当比那些庸医更为有效。"(6.760e—6.761d)

7. 市政机关

选举方式与职责:"我们的乡村巡视员有六十人,与此相应的市政官有三人。城市的十二个区可以像管理机构那样分成三个区域,市区本身的道路,几条从乡下通往首都的大道,还有按照法规建造起来的整齐划一的房屋,都归他们管辖。尤其是,他们必须管理供水事务,乡村巡视员负责向城里输送水,保证水库蓄水充足洁净,使之不仅能供应城市日用,而且能美化城市。因此,担任市政官的人必须具备能力,而且还要有处理公务的闲暇。同样,属于最高财产等级的公民可以按自己的意愿提名市政官,得到提名最多的六人作为候选人,然后由负责选举的官员根据抽签选择其中三人送交审查,审查通过后,他们将担任这一职务。"(6.763c)

8. 市场专员

选举方式与职责:"选举五名市场专员,候选人必须来自第一和第二财产等级。其选举程序与市政官的选举基本相同,得到提名最多的十人为候选人,再用抽签的办法决定其中五人当选,然后在通过审查以后宣布他们的任职。在选举中,每个参加者都应当投票,拒绝这样做的人,如果其行为被当局查明,将处以五十德拉克玛罚款,还要被宣布为是一名坏公民。任何公民都有权参加公民大会或出席公开的公民议事会。第一和第二财产等级的成员必须参加会议,如果有人缺席,要处以十德拉克玛以下的罚款。第三和第四等级的成员参加会议不是强制性的,如果不参加会议也不用缴纳罚金,除非得到当局的紧急告示,要求所有公民参加某次会议。市场专员们要按照法规监督和维护市场的秩序,并且负有保护圣地及圣地内清泉的责任,如果有奴隶或外邦人侵犯圣地,那么市场专员们要惩罚冒犯者,鞭笞或监禁他们。如果冒犯者是公民,那么他们有权对冒犯者处以一百德拉克玛以下的罚款,案子若与乡村巡视员联合审理,那么罚金可以加倍。乡村巡视员拥有自己的罚款权和处罚权,他们可以单独处以一个明那的罚款,若与市政官联合审理,则可处以两个明那的罚款。"(6.763e—6.764c)

9. 教育官员

被选资格:"督察的年纪一定不能低于四十岁。督导独唱或独奏表演的官员年纪不低于三十岁也就够了,他要负责宣布比赛结果。歌舞队的实际主持人或督察应当以下列方式任命。所有从事合唱的成年人必须参加一个会议,不能缺席,否则就要受到处罚。候选人必须是公认的音乐专家,对若干候选人审查的唯一标准是他们的专业能力,然后可以用排除法来确定由谁来担任这个唯一的职位。得到提名最多的十名候选人要接受审查,审查后仍高居榜首的人要按照法律的要求担任当年的歌舞队督察。选举独唱和独奏方面的督察,方法与此完全相同,当选者要监管一年的独唱和独奏竞赛,负责裁决这方面的事务。接下去我们要从第三和第二财产等级中任命负责包括赛马在内的体育竞赛的督察,前三个等级的公民必须参加选举,最低等级的公民可以缺席而不受惩罚。初选获得成功的二十名候选人要再次由抽签决定最后的当选,在任命前也要通过审查委员会的批准。"(6.765a—c)

"在这个领域还剩下来要选任的官员是教育总监,对男孩和女孩的全部教育负总责。同样,法律规定这个唯一的职位必须要由不低于五十岁的男性公民来担任,他必须是一个合法家庭的父亲。女性要担任这个职位实际上是不可能的。提名者和被提名者都必须牢记,这个职位是国家高级职位中最重要的。"(6.765d)

"立法者一定不能把对儿童的训练当作第二位的或附属性的任务,这方面的当务之急是选择最优秀的人担任教育总监,负责教育事务,必须由各方面最优秀的公民来担任这个职务。同理,在选举教育总监时,除了公民议事会及其委员会,所有官员都要去阿波罗神庙,在那里秘密地投下自己的一票,选择一名自己认为最适合管理教育的法律卫士担任这个职务。获得选票最多者将由全体已经任命了的官员进行审查,得票最多的这位法律卫士除外,通过审查后他将任职五年,到了第六年,再通过同样的程序任命新的教育总监。"(6.766a—c)

职能:"下面要做的正确的事情是任命负责文化事务和体育训练事务的督察,两个领域各要有两套班子来处理教育事务和竞赛事务。法律规定由教育官员负责监理体育场和学校的维护和提供的教育,以及与此相关的给男女儿童提供的照料和住宿事务。竞赛官负责组织和裁判音乐和体育竞赛,竞赛官分成两类,一类负责艺术,一类负责体育。在体育比赛中,竞赛官既要负责对人的裁判,又要负责对马的裁判,这样做是恰当的;而在音乐比赛中,可以让一些官员专门裁决独唱或独奏,比如独唱演员、竖琴手、笛手,等等,让另一些官员专门裁决合唱。所以我认为,我们首先应当为我们的儿童歌舞队和男女成年人的歌舞队选择督察。这些歌舞队在舞蹈和整

个音乐体系中表演。"（6.764d—e）

10. 监察机关

选举方式："监察官由执政官任命，有些任期一年，用抽签的方法决定，有些任期几年，用选举的方法选出。"（12.945b）监察官要具有超过常人的能力，要比行政官员更加优秀。"行政监察是至关重要的，担任监察官的人必须在各方面都出类拔萃。因此选拔监察官要有某种新方式。全体公民每年在夏至后的那一天，要在祭拜太阳神和阿波罗神的圣地里集会，当着神的面选举三名监察官，每个公民要提名一个在他看来各方面都是最优秀的人，他的年龄要超过五十岁，不能提名自己。根据这些提名进行第一轮选举，如果被提名的人数是偶数，那么，得票多的那一半当选，如果被提名的人数是奇数，那么还要略去得票最少的那一位。如果有几个人得到相同的票数，使得当选者超过半数，那么就把最年轻的当选者去掉。以后再以相同的方式多次投票，最后只剩下得票最多的三个人。如果这三人得票相同，或其中两人得票相同，那么就要根据天意用抽签的办法来决定排名秩序。人们要把象征胜利的橄榄枝献给第一名、第二名、第三名，然后公开宣布选举结果：奉天承运，玛格奈昔亚国现在昭告天下，向太阳神献上三名最高贵的公民，用古代的话来说，把他们作为精选的第一批果实献给阿波罗神和太阳神，他们将就任监察官之职。在第一年里要用这样的方法产生十二位监察官，任职期到七十五岁为止，然后每年产生三位新的监察官。他们要把所有行政官员分成十二组，分别对他们进行监督。鉴于他们的工作职责，监察官的衙门就设在阿波罗神和太阳神的圣地里，也就是选举监察官的地方。监察官将独立调查有出格行为的政府官员,有些案子也可由几位监察官共同负责,对官员的处罚要成文,公布在市场边上的那个广场上,这些处罚要经过监察委员会的审查和批准。任何官员声称对他的处罚不公平,都可以向某个由若干法官组成的上诉法庭申诉,如果申诉成功,那么只要这位官员愿意,可以给予那位监察官同样的处罚。"(12.945e—12.946d)

"下面我要告诉你该如何任命一名监察官来监督监察官本身,如何实施这种监督。当监察官们还活着的时候,由于整个国家已经宣布他们是最优秀、最高尚的人,因此在各种庆典中都应当让他们居于首位,还要让他们担任各种代表团的领队,派往希腊各地参加献祭、宗教集会和各种国际活动。只有他们才能佩戴月桂花冠。他们还将担任阿波罗神和太阳神的祭司,当年的首席监察官担任祭司长,该年的名称要以他的名字命名,作为我们这个国家纪年的方式。他们逝世以后要隆重安葬,他们的坟墓要造的比其他公民好。"(12.947a)

职能:对行政官员进行监督。首席监察官监察所有监察官。

11. 夜间议事会

构成:文中两处相关文本讲得不太一致。第一处:"这个议事会的成员有比较年轻的,也有比较年长的,报告时间长达一天,从天明破晓到黄昏日落。这个议事会的成员包括:第一,最高级的祭司;第二,十名现任执法官;第三,最新选出来的教育长和其他曾经执掌这个部门的负责官员。这些人不仅本人参加,还要带上他认为最优秀的、年纪在三十到四十之间的年轻人。"(12.951d)第二处:"十名老资格的执法官和其他所有拥有最高名望的人在议事会里集中开会,听取从国外考察回来的人的报告。他们可以提出一些如何保全法律方面的建议，经过这个议事会讨论批准，然后再公布实施，这是一种很好的联系方式。还有，每个议事会成员都可以带一名年龄不低于三十岁的、比较年轻的人出席会议，把他介绍给其他正式成员，但在这个时期他们不能发表意见，而只是旁听，直到整个议事会都认可他的高贵品质和良好教育为止。如果得到整个议事会的同意，那么他可以成为正式成员；如果不同意，那么对他的提名要保守秘密，尤其不要让他本人知道。议事会在拂晓前开会，因为这个时间是人们最空闲的时候，没有其他公事或私事的打扰。"（12.961a—b）

职能："报告会上讨论的问题是我们自己国家的法律，但他们也可以提出一些有可能从其他地方得到的相关建议，尤其是他们认为比较先进的各种学问和研究成果，借助于这些学习和研究可以有助于法律的执行，如果忽视这些学习，那么法律将会处于黑暗和困惑之中。议事会的年轻成员要勤奋地学习经过这些长辈们批准了的知识，如果有某些知识被他们鉴定为低劣的，那么整个议事会将谴责把这种知识带回来的人。享有良好声望的人可以派往国外进行考察，他们会得到特别的照顾和尊重，如果立下汗马功劳，他们会得到格外的荣誉，如果行迹低劣，他们会得到特别的羞辱。这些观察员在周游列国之后要立刻向这个议事会报告。如果他能遇上立法、教育、儿童管理方面的专家，得到这些方面的经验，或者有了自己的想法，那也是常有的事，他需要把这些成果向整个议事会报告。如果议事会判断这些成果没有什么用处，他仍旧会得到表扬，因为他辛苦了。如果他的研究成果被证明是非常有用的，如果他还活着，他会受到更加热烈的赞扬，如果他已经死了,这个议事会也会给予他很大的荣耀。但若他在旅行回国后已经腐败,也没有带回来什么智慧供年轻人或老年人参考,那么他应当服从法令,从今以后闭门不出。"(12.952a—c)

12. 司法机关

组成:"任何城邦,若无已经建立起来的法庭,城邦就不成其为城邦。法官若是沉默不语,不能像仲裁者那样大喊大叫,更不必说在那些预备性的程序中说话声音胜过那些党派争论,那么他决不可能在断案中作出令人满意的决定。所以,组织一个良好的法庭,法官人数既不能过多,也不能太少,致使能力不足。在每一案子中,法官应当了解有争议的双方,要有足够的时间反复进行预备性的调查,详细把握案情。因此有争议的双方首先要在他们的邻居和朋友面前受审,这些人对有争议的事情是最熟悉的。案子审完后,如果当事者不能从这个法庭中得到满意的裁决,那么他可以开始向另一个法庭起诉。如果两个法庭均不能解决问题,那么第三个法庭的判决应当是终审裁决。"(6.766d—6.767a)

"最简单的法庭可以由与案情有关的人员组成,他们通过协商,一致同意选择他们中的某些人来处理案子。但对其他所有案子的处理将有两种法庭:一种法庭处理的案子是某个人受到他人的伤害,想要把对方告上法庭,求得判决;另一种法庭处理的案子是某个公民认为有人伤害了公众的利益,因此为了支持国家而将他告上法庭。我们必须解释什么样的法庭要有多少法官。"(6.767b)

"首先,我们必须为所有个人设立一个共同的正义法庭,使争执双方的声音有第三者听到,其构成是这样的。""所有行政官员,无论是一年任期的还是更长时间任期的,都要在阿波罗神庙里集合,在对这位神起誓以后,他们可以分别选举法官,每个管理部门选一名,这个人应当被本部门的官员认定为是最称职的,最善于审理与他的同胞公民有关的案子,在将要到来的一年中最虔诚。选举完成后,投票者将对当选者进行审查,如果有人没有通过审查,那就要以同样的方式补选,通过审查者将为那些拒绝其他司法审判的派别担任法官,选举法官的投票应当是公开的。公民议事会的成员和其他有权任命法官的官员必须作为证人和旁听者出席审判,希望旁听者也允许参加。如果有人认为任何法官故意错判案子,他应当向执法官提出上诉。"(6.767c—e)

"关于反城邦罪的指控,首先要让街头巷尾的人在审判时起作用。如果受到伤害的是国家,那么全体公民都会受到伤害,如果这样的审判把他们排除在外,那么他们会发出抱怨。我们在审理这类案子时,尽管把最初和最后阶段交到公众手中,但具体的审问应由三名职务最高的官员来进行,原告和被告应当就由哪几位官员进行审问达成一致意见。如果双方不能达成一致意见,那就要由议事会来对双方的选择做决定。"(6.768a)

"只要有可能,每个公民也应当参与私人诉讼的审判,因为任何人若被排斥在审判之外就会感到自己不是这个共同体的真正组成部分。因此,必须要有各个部落的法庭,在特定时候用抽签的方法来决定这些法庭的法官,他们的审判要尽量不受个人因素的影响,但所有案子的终审必须由我们所说的已经设立了的这个完全不会有腐败行为发生的法庭来进行,这个法庭负责审理那些在他们的邻居面前或部落法庭中无法解决的案子。"(6.768b)

私下审判："无论何种冒犯都是违法的,哪怕逃到外国去。我们的惩罚将是死刑、监禁、鞭笞、不体面姿势的罚坐或罚站、捆绑在圣地前面示众和罚款,罚款这种方式仅仅用于我们已经说过的那些案子,是对某些人的恰当处罚。涉及生死的大案应当由执法官们会同法庭一起审判,这些执法官由于上一年担任执政官的功绩而被选为执法官。按照程序对罪犯提起诉讼,发出传票,以及完成其他一些类似的细节,是资历较浅的执法官的事。我们作为立法者必须规定投票方式。投票应当公开进行,在举行投票之前,法官们要按照他们的资历依次出场就座,面对检察官和被告,有闲暇的所有公民都将出席并聆听整个审判过程。检察官将陈述案情,被告要对指控作出回应,每人只有一次讲话机会。陈述完毕后,资格最老的法官将第一个说明他对案子的看法,详细而又充分地讨论检察官与被告的陈述。他说完以后,其他法官按次序发言,指出双方发言中忽略的地方或错误的地方,如果有法官认为自己没有什么可补充的,那就让下一名法官发言。与案子相关的所有发言都要记录下来,所有法官都将在记录上盖印,然后送往赫斯提的祭坛。第二天,法官们将在同一地方聚会继续讨论案子,并再次在相关记录上盖印。当同样的事做完第三遍以后,面对确凿的证据和证人,法官们将投下庄严的一票,并在祭坛边发誓这是凭自己的能力所能做出的最佳审判,由此结束一桩案子的审判工作。"(9.855c—9.856a)

公开审判："案子多得不计其数,它们的情况是很不一样的。把一切都留给法庭酌情处理或完全不由法庭来处理,这两种办法同样是不可能的。在所有案子中,有一件事我们确实无法由法庭决定,这就是案子的发生或不发生。而立法者如果不让法庭酌情决定伤害罪的罚款数额或相应的惩罚,而是由他自己来依照法规处理大大小小的案件,这也是不可能的。"(9.875e)"倘若在一个国家里,法庭精神低迷、断案不清,其成员信奉用秘密投票的方式作判决,最糟糕的是,他们甚至不愿听取案子的审理,只根据听众对法庭发言的掌声或赞同来断案,就像在剧场里一样,那么这个国家会发现自己处在一个艰难的地步。如果法庭的构成是这个样子的,那么立法者的双手肯定会被一种不幸的但却又非常真实的必然性所逼迫;如果一位立法者不幸地成为这个国家的立法者,那么他就要被迫在大部分案子中限制法庭酌情决定惩罚的权力,他要通过制定详尽的法规来做到这一点。但是在一个法庭组织健全、法官们接受过许多考试、训练有素的国家里,允许法庭酌情决定大量案子中的处罚完全是适宜的,正确的。"(9.876b—c)

诉讼一结束,法律判决就要执行,这方面的法律如下:首先,除了必须推迟执行的案子外,执政官要当着法官的面布置执行判决的工作,并将执行通知送交诉讼的双方,到达后立即执行。案子审完以后一个月,如果胜诉者还没有得到赔偿,那么就要由行政官员强制执行,使他得到赔偿。如果败诉者的财产不足以充分赔偿,差额达一德拉克玛或一德拉克玛以上,那么败诉者打官司的权力就要被剥夺,直到他付清赔偿为止,而其他人则持有起诉他的权力。任何对法庭执法设置障碍的人都将受到谴责,将由执政官对这种人进行起诉,由执法官组成的法庭审判。(12.958a—c)

司法执政官:"任何人,奴隶或自由民,若是对邻居或同胞犯下严重过错,那么案子应当由五位指挥官来审。比较严重的案子,其涉案金额不超过三个明那的,或有十二名原告的,都应当这样做。而那些很小的过失则可以由某个指挥官单独审。没有可靠的调查,法官不可以判案,也不可在没有调查的情况下免去官员的职务,除了那些负责终审的人可以这样做,比如君主。"(6.761e)"在一定意义上,上述法庭的任命也是一种行政官员的选举。事实上,任何行政官员都必定是处理某些事务的法官,而法官尽管不是真的行政官,或真的能够变成行政官,但在一天中的某些重要时刻,他也要对某些事情做决断。因此我们可以把法官包括在行政官之中,然后开始说谁适合承担这项功能,他们要处理什么事务,在各种情况下应有多少名官员。"(6.767a)

第六章　当代价值

　　阅读《法篇》，我们可以看出，它不仅内容磅礴、义理精微，而且影响深远，在世界法律思想史上占有重要地位。作为一名新时代的中国人，要把握这部古希腊法学经典原著，不能止步于泛读原典，还要在理解的基础上揭示它的价值，对《法篇》做全面的评价。

第一节　历史影响

　　姚介厚先生曾经综合评价过《法篇》。他说："柏拉图在这篇对话中，综合发展了他以往的社会伦理与政治哲学思想，重心转到法的主题，借讨论为想象中要建立的克里特殖民城邦立法，论述了立法原则、国家起源、各种政体比较、官吏任命，更非常具体地拟定了包括政治、经济、军事、外交、教育、文化、宗教、婚姻、遗产等等一整套完整的法律制度。这是西方第一部关于法学思想与法律制度的著作，在西方法学与法律思想史上有重要的地位，对后来的罗马法也有较多影响。"①

我们要认清《法篇》的历史影响,首先需要明了晚期希腊哲学的发展。在哲学史家眼中,古希腊大哲学家亚里士多德逝世于公元前322年,这个年份可以设为整个希腊哲学的两大部分的分界线。"亚里士多德之前"(含亚里士多德)是前一部分,"亚里士多德之后"则是后一部分。晚期希腊就是这后一部分,它包括希腊化时期的哲学在内,也涵盖罗马帝国时期的哲学。"希腊化时期"的历史边界是清晰的。"所谓希腊化是指亚历山大大帝东征后的三个世纪里,古希腊文明和小亚细亚、叙利亚、犹太、美索不达米亚、埃及以及印度的古老文明相融合的一种进程。时间范围通常认为开始于公元前323年亚历山大去世到公元前30年罗马吞并最后一个希腊化国家托勒密王朝为止。"②希腊化时期和罗马帝国时期的文化交流和融合实际上是一个连续的过程。希腊文明、罗马文明和基督教文明就是从古代发展到世界未来文明所经历的三个阶段。随着亚历山大的突然辞世,他建立的大帝国分裂成若干个希腊化王国。由于时间的短暂,整个希腊化时期的东西文化交流只达到了局部的融合,没有出现完全的整合。罗马帝国的统一使地中海世界及周边地区再次有了一种统一的政治形式。古希腊罗马文化进入了实质性融合阶段。

有史料记载,柏拉图学园培养出众多的政治家和立法家。柏拉图过世以后,学园一任又一任的首领带着对柏拉图的崇敬,在地中海世界各地传播柏拉图的思想,为各个地区立法。

---

① 姚介厚:《古代希腊与罗马哲学》,见叶秀山、王树人总主编:《西方哲学史》第二卷,凤凰出版社/江苏人民出版社2005年版,第636页。

② 陈恒:《希腊化研究》,商务印书馆2006年版,第1页。

到了希腊化时期和罗马帝国时期,《法篇》对于罗马法律制度的形成也产生了重大影响。《法篇》确立的法典深入到希腊化世界的法律中去,并由此渗透到罗马法中。《法篇》"奠定了希腊文化下的法律的基础","柏拉图影响了罗马万民法的发展","万民法事实上是对外国人实施的,它起初必定受到了南意大利和西西里的希腊法律的影响,后来由于罗马同东方交往,它必定又进一步受到了普遍流行于整个东方的希腊法律的影响。""在罗马统一地中海区域过程中,罗马法自然渐渐成了地中海世界的法律,罗马法幸存了下来,但罗马法与罗马艺术和文学一样,很大程度上是希腊人的礼赠。""罗马早在前5世纪就受恩于希腊的实际法律了。"柏拉图的法律思想"注定要影响未来的法律——希腊国家的法律,并通过后者影响罗马法"①。

古希腊法律思想从多方面影响了罗马法学。古希腊早期哲学以科学主义和理性主义的面目出现。这种哲学蕴涵着朴素的法治思想。这种哲学认为整个世界都处于必然性的支配之下,具有永恒性;神与人一样,都服从于这种永恒的自然律;自然律所确定的秩序是正义的。古希腊这种早期自然法思想经过赫拉克利特、德谟克利特等人的阐发以后,逐渐丰富和深刻起来,最后集中地反映在苏格拉底和柏拉图的思想之中。

苏格拉底首先对正义作出了回答。他在被问及"正义是不是讲真话和偿回债务"时说,"正义就是以善待友,以恶对

---

① [英]巴克:《希腊政治理论》,卢华萍译,吉林人民出版社2003年版,第158、412、493页。

敌的艺术",①继而提出了一个贯穿整个西方法学史的命题:"如果被统治者服从统治者及其制定的法律,就是正当,那么在统治者立法时犯了错误,服从错误的法律是否正当?"柏拉图在《国家篇》和《法篇》中为我们描绘了两个理想的国度。这些理想的国度无论是人治的还是法治的,他都是在描述一种受自然律支配的,符合公平正义的社会秩序,并且试图赋予"自然"、"命运"以神性,以神的权威来支撑法律的权威,将神意与正当沟通。"柏拉图在他的伟大著作《法篇》的最后部分最为接近斯多亚学派的哲学。"②所以从希腊法律思想对罗马法的影响来看,希腊法律思想塑造了一个具有独立人格的"人",孕育了自然法思想。

　　《法篇》中的自然法思想萌芽从多方面影响了罗马法。在古希腊法律制度中,私法占有重要地位。它为罗马法甚至整个西方私法的发展,奠定了主要法律原则和框架。在对权利的表达中,罗马法所谓的三个古典公式实际上是古希腊自然法哲学正义观的明确阐述。《法学总论》说:"法律的基本原则是:为人诚实,不损害别人,给予每个人他应得的部分。"这就是乌尔比安③关于权利的三个公式:"(1)正直地生活;(2)不侵犯任何人;(3)把各人自己的东西归给他自己。"④第

---

①　[古希腊]柏拉图:《国家篇》331c 以下,见《柏拉图全集》增订版,中卷,王晓朝译,人民出版社 2018 年版,第 10 页。

②　加加林、科恩主编:《剑桥古希腊法律指南》,邹丽等译,华东师范大学出版社 2017 年版,第 487 页。

③　乌尔比安是古罗马五大法学家中最后的一位。他的著作是古罗马法学家查士丁尼《法学汇编》的主要来源。在法学理论方面,他在历史上第一次区分了公法和私法。

④　[古罗马]查士丁尼:《法学总论——法学阶梯》,张企泰译,商务印书馆 1989 年版,第 5 页。

一个公式看似对人的义务要求,实则表述了一种权利;第二个公式则是于此权利之下的责任;第三个公式是法律所要达到或营造的一种状态和秩序。对这种正义秩序,柏拉图曾说过:"挣工钱的人、辅助者和护卫者在城邦里各自做他自己的工作,是正义的。"①可以说,在整个希腊世界中,个人所有权已经为人们所熟悉。从公有制向私有制的过渡,解决了私法存在的经济基础,也为私法的发展确立了一个发展方向。

柏拉图《法篇》对公民、婚姻、家庭、继承作了很详细的规定。在古希腊,成年男子可享受充分的私权和公权,合法后裔和归化入籍都有公民资格。外来侨民也同样充分享有私权,并随着海上贸易的发展,公元前4世纪时,雅典允许外国商人在港口特设的法庭进行诉讼。妇女的地位在各城邦不同,但比古罗马早期地位要高一些。在奴隶与公民之间,也存在自由人的规定。解放的奴隶可以成为神灵庇护下的自由人。可以说,古希腊城邦对于公民、自由人、外来侨民等方面的规定,基本上构成了后来罗马法中的公民法的基本框架。

第二节　思想价值

柏拉图《法篇》是西方法律思想的渊源,具有重大的思想价值。这种思想价值表现在以下几个方面:

第一,柏拉图提出了法律至上的思想。在柏拉图之前,虽有一些哲学家提出过类似的观点,但柏拉图第一个对法律的

---

① ［古希腊］柏拉图:《国家篇》434c,见《柏拉图全集》增订版,中卷,王晓朝译,人民出版社2018年版,第133页。

权威进行了全面系统的论述,此举堪称柏拉图对人类文明的一大贡献。柏拉图认为,人们为自己制定法律,并且以此规范自己的生活,这是至关重要的;否则的话,人与最野蛮的野兽无异。立法之所以必要,其原因在于无人拥有充足的天赋,既能察觉对处于社会关系中的人们有益的事情,又能够在实践中最佳地运用这种知识。人们遇到的第一条困难是,真正的政治技艺的恰当对象不是个人的私人利益,而是共善,要明白这一点很难。共同的利益使城邦组合在一起,而个人则是城邦的破坏因素,因此公共的幸福生活应当优先于私人的幸福生活加以考虑,这样想既有益于共同体又有益于个人。人们遇到的第二条困难是,即使有人对这个原则有了清楚的认识,视之为科学理论的基本要点,但若他处于不负责任的独裁君主的地位,那么他决不会忠于他的信念,或竭尽全力终生改善国家的公共利益,他不会以此为首要目的,将个人利益放在第二位。他那意志薄弱的人性总是在引诱他扩大自己的权力,寻求自己的利益,他必然会尽力避苦求乐,把这些东西作为目标置于公正和善良之前,这种源于他自身的盲目必将使他沉沦,使他的国家也和他一道堕落在毁灭的深渊中。如果有人生来就有能力获得这种认识,那么他并不需要法律来统治自己。然而,除了某些已经衰退了的遗迹,这种洞见在任何地方都找不到了,所以我们只好退而求其次,诉诸法律。

第二,柏拉图提出了立法为公的思想。法律若不是为了整个共同体的共同利益,就不是真正的法律。为一个党派做事的人是党派分子,而不是公民。这些人的所谓的公民权利是空洞的陈词滥调。不能把城邦的公共职位授予那些只为自己打算,或只谋求个人利益的人。绝对服从已有法律的人才能取得胜利,只能把公共事务交给这样的人,让他担任最高职位,次一等的职位则通过竞选产生,其他职位也通过有序的选拔来确定。政治权力是法律的使臣。城邦的生存或毁灭主要取决于这一点,而非取决于其他事情。法律一旦被滥用或废除,共同体的毁灭也就不远了;如果法律是政府的主人,政府是法律的奴隶,那么整个世道会充满应许,众神对城邦的赐福就会到来,人们将享有各种幸福。

第三,柏拉图提出了以法治国的思想。他在《法篇》中确立了以法治国的政治路线,这不仅是由于他亲身经历了政治实践的失败,而且也是出于挽救正在走向衰落的雅典城邦和整个希腊世界的现实需要。随着柏拉图实践政治理想的西西里之行遭到失败,他的思想也发生变化。在《法篇》中,柏拉图完成了从人治向法治的转变。他综合以往的思想,把重心转到法治上来,论述了立法原则、国家起源、政体比较、官吏任命,具体拟定了包括政治、经济、军事、外交、教育、文化、宗教、婚姻、遗产在内的一整套完整的法律制度,确立了"法律统治"模式,乃至于我们今天讨论法治,仍需仔细研读柏拉图的《法篇》。

第四,柏拉图提出了公民守法的思想。普遍的守法观念是实现法治的前提条件之一。柏拉图强调,法律不应只依靠国家强制力的保障,依靠赤裸裸的暴力威胁。法律的实施固然离不开强制力量,但在其实施过程中起经常性保障作用的还是法律自身具有的教育力量,立法应能激起广大人民的认同、拥护和自觉遵守。在《法篇》中,柏拉图主张应当依据人性中的善德进行立法,法律应当获得守法者感情上的认同与支持,这是柏拉图心中良法的标准。他实际上认为,统治者和被统治者都必须服从法律,已经确立的法律应当获得普遍的服从,而人们服从的法律本身又应当是制定良好的法律。

第五,柏拉图提出立法的公平原则。他认为,在同一名称下有两种公平,它们在大部分情况下产生的结果相反。一种公平是数量和尺度的平等,任何城邦和立法者都可以用抽签的方法简单地规定各种奖励,但是真正的、最优秀的公平很难用这种方法获得。奖励人世间的公共和私人事务只能产生恩惠,不能产生公平。它会使强者更强,弱者更弱。立法必须以公平为目标,在建设新城邦时一定要注意这种公平。立法不能着眼于少数独裁者或某个独裁者的利益,也不能着眼于富人对城邦的主宰,而要用正义去消除各种各样的不平等。城邦作为一个整体,为了避免它的各个组成部分之间的分裂,实际上总是在违反绝对完善的正义的统治。所以,必须使用某些抽签的公平来避免民众的不满。尽管环境的力量迫使我们使用两种平等,但我们应当尽可能少地使用第二种平等,因为这种平等的实现诉诸好运。

柏拉图还考虑了如何让法律发挥其应有作用,即法律的实现问题。柏拉图认为,把时间花在争论法律条文的冗长和简洁没有什么意义;应当看重的是法律的质量,而不是它的长短。

柏拉图实际上还是国际法思想的先驱者和创始人。希腊古典时期结束之时,已经产生了具有现代意义上的城邦同盟,城邦之间平等与世界主义的观念也在流行,为希腊化时代的到来做准备。柏拉图承认各城邦在政治上是独立的,但认为政治上独立的各希腊城邦作为同一个民族中的不同单位,不应表现得无亲无故,互不相干,这正是他主张在邦际关系的处理中坚持法治的原因。

第三节　学术价值

众所周知,古代希腊是西方哲学的诞生地,也是许多社会科学的发祥地。然而,在群星灿烂的古代希腊,相对于其辉煌的哲学、文学、史学而言,法学却比较薄弱,乃至于有人以为古希腊几乎没有产生过严格意义上的法学家,也没有产生过专门的研究法律基本理论的法理学著作,法学词汇在古希腊典籍中难以寻觅。这种观点或印象是缺乏了解、缺乏研究的结果,不足为奇。我们相信通过认真阅读《法篇》足以改变这种由无知导致的无畏的观点。

《法篇》具有重大的学术价值,它将立法的基本原理与具体的法律制度结合在一起,对后世的法学理论发展有重大启发。柏拉图在《法篇》中对法学理论问题和具体的法律制度问题进行了深入详尽的探讨和分析,从而构建了一个系统的法学理论。从法学发展的历史来看,柏拉图是西方第一位西方法学家,永远站在西方法学家的最前列,《法篇》则是西方第一部法学著作,是西方法学诞生的标志。当然,正是由于《法篇》具有的原创性,《法篇》也具有若干否定性特征,导致有些学者不将它视为西方法学的开山之作。

首先,《法篇》的思想表达采用文学对话的形式。哲学诞生之初,早期希腊哲学家都是用韵文(格言、诗歌)来表达思想。这个阶段的特征是:表象思维占据主要地位、理性思维能力仍很低下。哲学家们受到思维水平和语言工具两方面的限制,只能用口头或成文的韵文来表达自己的思想。后来随着古希腊人理性思维能力的增强,哲学文体必然要突破诗歌的束缚向散文发展，替代诗歌作为哲学家写作文体的是对话和散文。柏拉图和他同时代的哲学家创作了大量的哲学对话，而亚里士多德则为我们留下了结构严整的哲学论著。哲学诞生以后，古希腊民族的思维方式开始发生质变。抽象思维逐渐取代表象思维成为希腊人把握世界的主要方式。在传统思维方式的影响下，希腊人能够娴熟地运用韵文，却还不会写散文，不会进行逻辑推理。哲学家们的情况也不例外。早期自然哲学家思考了一些哲学问题，但只能用诗性的语言说出其论断，如"万物的始基是火"，却不知如何进行逻辑证明，至多只能做一些类比。这种状况到了柏拉图这里有了完全的改观，适合理论思维和概念思维需要的逻辑推理显露出来，希腊哲学的发展进入新阶段。

其次，法学思想被裹挟在伦理学、政治学议题之中。希腊哲学诞生之初，哲学是希腊人一切知识之总汇，没有学科区分，法学知识与其他知识浑然一体。哲学家们对法律的议论很大程度上是顺带的。比如，在柏拉图著作中，可以看到即便是《国家篇》讨论理想国度时，也没有专门讨论法律问题，而是在城邦正义的名目下谈及司法公正。这种情况到了《法篇》有了很大改观，但仍不足以支撑法学的独立。还可以看到，古希腊的立法和司法实践也带有伦理性和政治性。在希腊思想家心目中，城邦生活的善和正义具有绝对的地位，司法和立法往往被贬低为次要的技术和实践问题，不属于"真"、"善"、"美"范畴，因而缺乏关注的价值。从当时的社会现状来看，古希腊城邦政治的特征，使大量的法律纠纷都以政治形式被讨论和解决，法律在古希腊城邦生活中的地位和作用并不突出。如著名的苏格拉底的审判，我们就很难区分是司法还是政治。因此,在古希腊的司法审判中,纯粹用法律来说理和论证显然不合时宜,因为非专业的法官和陪审员们的注意力和兴趣,不在于分析和适用法律条款,而在于通过法庭制造充满激情的雄辩,来发现案件背后所谓的正义,并以之作为案件判决的基准。

最后,希腊人对修辞学、论辩术的推崇使得法学理论在希腊科学中边缘化。今人眼中的修辞学乃是一门演讲的艺术,包括立论和修饰词句,但古希腊人并不局限于此。他们的修辞学包括的范围很广泛,文辞的修饰,正确的语法,铿锵的音韵,崇高的风格都是修辞学的研究对象。词源学、语法学、音韵学、论辩术、演讲术都是修辞学的分支。概言之,古希腊人心目中的修辞学是运用语言的一门技艺。古希腊人对运用语言的技能十分重视。他们认为,有无运用语言的技能是一个人有无智慧的重要标志。正常的人都会说话,但要在公众场合讲述自己的见解,那是要有智慧的。语言与思想相比具有直接现实的优点,语言使思想可听可见,使理性思维外化。理性思维离不开语言,人们运用语言的方式是他们思维方式的外部表现,人们运用语言的能力是他们的思维能力的外在标志。古希腊民族理论思维能力的提高在哲学文体方面的表现,就是从诗歌经由对话而发展为散文。而希腊修辞学的诞生和发展则促成了这一过程的完成。希腊论辩术的主要渊源是城邦政治生活中的演讲和辩论,司法审判客观上使论辩术进一步成为必要。论辩术在古希腊是一种身份的象征,是政治家必备的素质,而不是法学家的素质。作为政治技艺的论辩术的教学在古希腊广泛开展,而法律教育和司法技艺的学习则付诸阙如,这在很大程度上造成了法律职业阶层和司法专门化的缺失,这对希腊法学的发展当然不是什么积极因素。

拓展阅读书目

［古希腊］柏拉图:《柏拉图全集》,王晓朝译,人民出版社2003年版;增订版,2018年版。

［古希腊］柏拉图:《法律篇》,张智仁、何勤华译,上海人民出版社,2001年版。

［英］泰勒:《柏拉图——生平及其著作》,谢随知等译,山东人民出版社1996年版。

范明生:《柏拉图哲学述评》,上海人民出版社1984年版。

汪子嵩、范明生、陈村富、姚介厚:《希腊哲学史》第2卷,人民出版社1993年版。

姚介厚:《古代希腊与罗马哲学》,叶秀山、王树人总主编:《西方哲学史》第二卷,凤凰出版社/江苏人民出版社2005年版。

［法］卡斯代尔·布舒奇:《〈法义〉导读》,谭立铸译,华夏出版社2006年版。

加加林、科恩主编:《剑桥古希腊法律指南》,邹丽等译,华东师范大学出版社 2017 年版。

周枏:《罗马法原论》,商务印书馆 1996 年版。

[古罗马]查士丁尼:《法学总论、法学阶梯》,张企泰译,商务印书馆 1989 年版。

责任编辑：张伟珍
封面设计：林芝玉

图书在版编目（CIP）数据

重读柏拉图《法篇》/王晓朝 著. —北京：人民出版社，2023.5
（"名家读经典·法哲学"丛书）
ISBN 978－7－01－025100－4

Ⅰ.①重… Ⅱ.①王… Ⅲ.①柏拉图（Plato 前 427-前 347）-
法的理论-理论研究 Ⅳ.①B502. 232②D90

中国版本图书馆 CIP 数据核字（2022）第 178109 号

重读柏拉图《法篇》
CHONGDU BOLATU FAPIAN

王晓朝 著

人民出版社 出版发行
（100706 北京市东城区隆福寺街 99 号）

北京盛通印刷股份有限公司印刷 新华书店经销

2023 年 5 月第 1 版 2023 年 5 月北京第 1 次印刷
开本：710 毫米×1000 毫米 1/16 印张：12
字数：127 千字 印数：0,001-3,000 册

ISBN 978－7－01－025100－4 定价：49.80 元

邮购地址 100706 北京市东城区隆福寺街 99 号
人民东方图书销售中心 电话（010）65250042 65289539